市民のための道徳教育

民主主義を支える道徳の探求

はじめに

『市民のための道徳教育』が本書のタイトルである。が、これは成人教育や市民を対象とした教育のことではない。本書の主題は、学校（主に小中学校だが、幼稚園にも高校にも通ずる内容は含んでいる）における道徳教育である。

誤解を招きそうなタイトルをつけてしまい読者には申し訳ないが、タイトルが表現したかったことは、「現在の子どもを、近い将来の市民として育てるには、どのような道徳教育が望ましいのか」ということである。

市民citizenとは、まず何よりも、「政治的権利をもった人」という意味である。つまり、主権者のことだ。民主主義の社会にあっては、私たち一人ひとりの人間が、政治的な問題について関心や知識をもち、選挙やそれ以外の政治的活動を通じて、政治的な決定に関与することになっているし、現に関与している（政治への無関心も投票の棄権も、結果に影響を及ぼすのだから、ある種の「関与」である）。

もう一つ、日本語の市民という言葉には、「ふつうの人」という意味、少し言葉を換えれば、その地域に定住する「一人の生活者」といった響きもあるように思う。

本書では、この二つの意味で市民という言葉を使う。そして、市民は言うまでもなく、社会の中で、人との関わりのなかで生きていく。そこに何らかの道徳―ルールやマナーについての認識や善悪の判断力―が必要となってくることは、概ね異論がないだろう。子どもたちが将来の主権者として、また生活者として、より豊かに、幸せに生きていくためには、どのような道徳を育む必要があるのか、ということを考えたい。

ただ、ではどのような道徳が望ましいのかということになれば、おそらく人によって様々に異なる意見が噴出し、議論に終わりはないだろう。そうであるにも関わらず、学校では道徳が教えられてきたし、教えられている。一体、そこでは何が教えられてきたのだろう。それは本当に大多数の人が「よい」と考えるような内容だった（である）のだろうか。まず、そこを考えることから、これからの学校で教えられるべき道徳の中身をめぐって、多くの市民が関わるような議論がしっかりと起きていくことが、実は筆者がいちばん望んでいることである。そのため、つまり議論に一石を投じるために、本書では筆者自身の道徳観、あるいは価値観をあえて前面に出している。それは、大雑把に言えば、平和と民主主義と人権の尊重、という価値観であるつもりだ。これらの価値観の一つとして共有できない人には、おそらく読んでいて腹の立つ本かもしれない。が、仮想的な論争の相手の主張として読んでいただけるなら、それも幸いである。

本書は、大きく二つの部分からなる。

前半の第一部（第一章から第五章）では、明治時代からこれまでの学校道徳教育の歴史をたどる。

第一章では、明治期から一九四五年──アジア・太平洋戦争の終結──までの学校道徳教育の歴史を辿るが、そこからは、学校道徳教育が誤った道を辿るときに、いかに恐ろしい影響力と悲惨な結果を招くか、ということを読みとっていただければ幸いである。

第二章では、終戦から一九五〇年代半ばまでの比較的短い時期を扱う。この時代、日本の学校の時間割には、道徳を教えるための特別の時間はなかった。しかし、そこで道徳教育が行われていなかったのではなく、現在考えられているのとはかなり異なる道徳教育が、時間を特定せずに、行われていたのである。実は、本書のサブタイトルでもある「民主主義を支える」道徳というのは、この時代に言われていたことでもある。そこで何が追求され、どのような実践が行われていたのかを辿ってみたい。

第三章は、一九五〇年代後半の、教育にも関わってくる政治の動きを扱う。一九五八（昭和三三）年に学習指導要領が改訂され、現在小中学校で行われている「道徳の時間」がつくられた。そこに至る経緯を政治の側からたどることにより、現在の「道徳の時間」が生まれたときにもっていた政治的な思惑や葛藤をあぶり出したい。

第四章は、一九七〇年代から現代にいたる時代を、「モラルパニック」という切り口から眺めてみたものである。詳しくはそこで述べるが、モラルパニックとは、多くの市民が「道徳的にまずいことが起きている」と思い込み（思い込まされ）、冷静な判断が下されずにパニックが起きる、ということである。ここで取り上げたいのは、「少年犯罪が増えている」「凶悪化している」「低年齢化している」、あるいは「悪質ないじめが激増している」といった、だから学校で道徳教育を強化すべきだという結論につながりやすい考えについて、本当はどうだったのか（どうなのか）を検討してみたい。

第五章は、現在の政治についてである。道徳教育の強化は、政府の主導によって、道徳を教科に「格上げ」する、という方向が定められた。これは、第一次安倍政権時以来の、現政権の悲願でもあったようである。彼らは一体何を考えて道徳教育の強化が必要だとしているのか、そこを読み解いていきたい。

以上が本書の第一部、前半である。一四〇年以上も昔に遡って学校での道徳教育を考えるというのは、現代や将来の道徳教育を考えるのに遠回りではないかと思う読者もいるかもしれないが、そんなことはない。歴史に学ぶのは重要なのである。もし、歴史が、時間の経過とともにどんどん良くなっていくような一方向的なものなら、過去に学ぶ必要はあまりないかも知れない。だが、こと教育の歴史、学校の歴史、そして道徳教育の歴史については、少し学ぶならば、そのような一直線の進歩などではないことが誰にもわかるはずである。過去には、決して繰り返してはならない重大な過ちも、あるいは多くの人が知らずにいる（あるいは忘れてしまっている）よきものも、埋め込まれているのである。歴史は苦手、という人も、ぜひ、少しだけガマンしてつきあっていただきたい。

本書の後半、第二部では、第一部の議論を踏まえた上で、これからの道徳教育がどうあるべきか、ということを考えていきたい。ただしその際にも、ただ「こうあるのがいいよね」という話をしても根拠に乏しいので、著名な教育思想家が道徳教育についてどのようなことを考え、論じたのか、ということを手がかりにしたい。

第六章では、「中間考察」として、歴史を学ぶことから得られる、あるべき道徳教育の原則とはどのようなものか、を整理する。

第七章は、一八世紀フランスの思想家であり、近代教育のあり方に大きな―論争的な―影響を与え続けている、ジャン＝ジャック・ルソーの道徳教育論を紹介し検討する。ルソーは、大ざっぱに言えば、「一二歳までは一切道徳教育など行ってはいけない」という極論を述べているのだが、果たしてなぜそういうことになるのか、それは正しいのか、そして、一二歳を過ぎたらどういう道徳教育を行うのか、といった点を考えてみたい。

第八章では、一九世紀末から二〇世紀にかけて活躍した二人の教育思想家（いずれも実践家でもある）を取り上げる。イタリアのマリア・モンテッソーリと、アメリカのジョン・デューイである。二人とも、現代の教育にも巨大な影響を与えているし、その思想や理論は広汎なもので、とても一つの章で論じきれるものではないが、ここではテーマを「学校における規律」に絞ることで、二人の主張を見比べながら考えてみたい。いずれも学校に学習のための規律が必要だとは考えているが、教師が、規則や賞罰をつかって規律を保とうとすることについてはきわめて否定的、批判的である。ではどうやって規律が生まれることができるのか、という点がポイントである。

第九章は、それまで本書で考えてきたことを総合して、日本の学校を舞台に、これからのあるべき道徳教育を考えるとしたら、どのようなものになるかを論じたものである。体系的、網羅的と言うには程遠いが、「アイディア集」のようなものとして受け取っていただければ幸いである。使えない、と判断されるアイディアもあるかも知れないが、一つでも「いいな」と思ってもらえるものがあれば幸いである。

本書が想定している読者は、まずは学校の教師、あるいは教師になりたいと思っている人、あるいは道徳教育の問題に関心のある教育関係者などである。が、本書は道徳教育のスキルやテクニックの本ではなく、道徳教育がどうある「べき」か、その背骨のようなものについて、読者に問いかけるための本である。読んで下さった方が、道徳教育について、少しでも考えるきっかけになれば、あるいは考えるための素材を提供できれば、と思いながら書いた。そういう本だから、教師ではないし、なる予定もない人にとっても、民主主義とは何かとか、道徳とは何かとか、そういう問いに関心のある人ならば読んで無益ではないだろうと思う。もちろん、学校に通っている子どものいる親御さんなどにも、読んで学校の道徳教育について、子どもや、場合によっては教師と、話をするきっかけにしていただければとても嬉しいし、現に学校教育を受けている中学生や高校生ががんばって読んでくれ、自分の受けている道徳教育を批判的に（批判的というのは否定的という意味ではなく、よく考えて判断する、ということ）考えてくれるなら、これに勝る喜びはない。

目次

第二部　市民を育てる道徳教育の探求

第一部　日本の学校道徳教育の歴史

第一章　一九四五年までの道徳教育

一、学校教育制度のはじまりと道徳教育

日本で学校教育制度が始まったのは、一八七二（明治五）年のことである。明治政府は「学制」を施行し、日本全国に小学校を建設して全ての子どもを就学させる方針を採った。

もとより、それまでも家庭以外の教育機関が存在しなかったわけではない。江戸時代に存在した藩校・寺子屋は有名である。両者は原則としては身分別の教育機関であったが、特に江戸末期における寺子屋の普及は、一般庶民の子どもを対象として「読み書きそろばん」に代表される基礎的知識・技能を行き渡らせることに大きく貢献した。

しかしこれらの教育機関は「国」による管理・統制を受けるものではなく、そこで教えられる内容は主として学習者のニーズに応じた多様なものであったと考えられるし、全国の全ての人に同様の就学の機会が用意されていたわけでもない。開国を経て近代国家の仲間入りを早急に行う必要があると考えた明治政府は、旧来の藩体制による藩校、庶民の自生的教育機関であった寺子屋のいずれをも基礎とせず、それらとは別の新しい制度として学校教育制度を整備したのであった。

もちろん、江戸期の諸教育機関は一般庶民に子どもの就学を義務づける性格のものではなかった。当時、第一次産業が中心の暮らしのなかで、六歳を過ぎた子どもは家族にとって貴重な労働力であった。したがって、その年齢の子どもを毎日決められた長時間にわたって教育機関に通わせるということは、一般庶民にとってはかなりの「負担」であったことが想像に難くない。そうした民衆の子どもを就学させることへの抵抗を予期したのか、明治政府は「学制」の施行と同時に、国民に向けて、学校に子どもを通わせることの意義を論じた文書を発表している。それが「学事奨励に関する被仰出書（おおせいだされしょ）」と呼ばれるものである。

被仰出書は、学校を設置する理由について、次のように論じている。

「人々自ら其（その）身を立て其産を治め其業（なりわい）を昌（さかん）にして以て其生を遂るゆえんのものは他なし／身を修め智を開き才芸を長ずるによるなり／而て（しかして）其身を修め智を開き才芸を長ずるは学にあらざれば能わず／是れ学校の設けあるゆえんにして／日用常行言語書算を初め士官農商百工技芸及び法律政治天文医療等に至るまで凡（およそ）人の営むところの事学あらざるはなし[1]」

つまり、身分制が廃止され、職業選択の自由が建前となった社会において、将来よりよい生活がしたければ、「学」を修めてふさわしい仕事を手に入れなければならない。そのため、万人にそのようなチャンスを開くために学校を設置したのだ、というわけである。

ここで注目したいのは、傍点を付した部分である。その直前までで学校設置の理由（「学校の設けあるゆえん」）を説いているのであるが、ここでは、新たに設置される「学校」に通うことで得ることができる知識や「才芸」が列挙されているのである。「日用常行言語書算」とは、「日常生活で普通に用いる読み書き・計算」ということである。次に来る「士官農商百工技芸」とは、軍人・公務員になったり、農業・商業・工業などの様々な仕事に就く際に必要となってくる技芸、という意味だろう。そして最も高等な学習内容として「法律政治天文医療」が来るわけであるが、これらはいずれも近代国家として西欧に追いつくために必須であった学問と捉えることができる。これらまでを学んだ者は、個人としてはもちろん「立身」するわけだが、同時に国家にとっても重要な「人材」と見なす視線をここにうかがうこともできるだろう。

本書の関心から重要なことは、これら、明治当初に学校教育の内容として想定されていたことは、いずれも職業選択や近代国家建設といった具体的な目的に役立つ（と考えられた）知識・技術の伝達であって、被仰出書の段階＝学制の段階では、道徳教育が必要だという意識は（抽象的に「身を修め」ることが目的として書かれるのみで）希薄だった、ということである。

被仰出書を執筆したのは、当時の文部大輔・田中不二麿であるが、田中を含め、この時期（学制期）の教育政策を主導したのは、「開明派」と呼ばれる政治指導者たちであった。開明派とは、日本を一刻も早く列強に認められるような近代国家にするための方策として、西欧列強のもつ政治制度や社会制度を、極力そのままの形で日本にも移入することが近道である、とする勢力である。福澤諭吉や、同時期の森有礼などもそこに数えられるだろう。彼らの多くは欧米への渡航・留学の経験者でもあり、欧米語の読み書きもできるため、西欧の諸制度やそれらが背後にもつ理念にたいする理解もあった。そうした開明派のイニシアティブの下で実施された明治初期の教育政策が、西欧の公教育制度がもつ「機会の平等」の理念を（少なくとも建前としては）採用したこと、また、教育内容論においても実用的な知識・技術の伝達が中心であって、学校での道徳教育についてはそれほど重視していなかったことは、理解に難くない。

二、道徳教育重視のはじまり

だが、開明派が教育政策のイニシアティブをにぎっていた時期は、長くは続かなかった。曲がりなりにも欧米風の「機会の平等」につながる理念をもち、実用的かつ科学的な学習内容をうたった「学制」の学校は、皮肉にも、当時の日本民衆自身によって拒否されたのである。

そのことは、新設された小学校の就学率がきわめて低い状態のまま伸び悩んだという事実によって示される。当時の『文部省年報』には小学校就学率のデータが記載されているが、学制の施行から五年を経た一八七七（明治一〇）年においても、男子の就学率がようやっと五〇％を超えた程度であり、女子は二〇％台前半、男女平均で四〇％に達しない程度である。しかもこの数字は、一年のうち一度でも登校した者は「就学」にカウントしている。

就学率が伸び悩んだだけではない。明治一〇年前後は、地租改正に続き運悪く天候不順による凶作の年が続いたこともあって、農村の生活状況は困窮を極めていた。こうしたなか各地で、食糧にも困った民衆による暴動が発生しているのだが、そうした暴動がまず襲撃したのが、政府によって新設されたばかりの学校だったのである。例えば一八七六（明治九）年冬に起きた、三重県から現大阪府に及ぶ大規模な民衆暴動（いわゆる「伊勢暴動」）においては、三重県だけで七九校の小学校が、蜂起した民衆に火をかけられ、焼かれている。(2)

被仰出書が個人の幸福（「立身出世」）のためとして学校教育を奨励していたにも関わらず、なぜ当時の日本民衆はこの学校制度を受けいれなかったのだろうか。

いくつかの理由が考えられるが、第一に指摘されるべきなのは、学校設置と就学督促による経済的負担が大きかったことだろう。学制期の小学校は授業料を徴収したし、そもそも学校建設は地方財政に委ねられたため、そのための追加徴税が行われた地域も少なくない。前述したように、当時子どもが労働力として重要な存在であったことも考えに加えれば、学制による就学の督励は、民衆にとっては二重・三重の経済的負担を強いるものであった。第二に、教育内容の問題が挙げられる。これもすでに述べたとおり、被仰出書は建前としては個人の職業獲得に役立つ実用的な内容を教えるとしていたが、現実の学制期の小学校では、欧米の学校教育で用いられていた教科書がそのまま翻訳されて用いられるなど、日本の子どもの生活にはそぐわない教育内容も多かったとされる。(3) たとえば洋服を着る者など圧倒的に少数であったにも関わらず洋裁が教えられたり、「レモン」などまだ一般には出回っていないのに、外国の教科書にそう記述されているからという理由で「檸檬色」と教えるなど、とにかく学校の中身が「西欧の引き写し」に留まっており、日本の民衆にとってそれが（例えば寺子屋などと比べて）実用的とはとても言えなかったという事情もあるようだ。

これらの理由にもう一点加えておくとすれば、被仰出書が前面に打ち出した「立身出世」の理念そのものが、当時の日本の民衆にとっては「奇異な」理念であったことが挙げられるかも知れない。そもそも、産業化がまだほんの緒についたばかりの日本社会において、いかに政府が「立身出世」を奨励しようとも、一般の人びとにとって「出世」の対象である職業などは具体的に思い描くことが難しかっただろう。そしてそれ以上に、「親の跡を継ぐ」ことを長年「道徳」としてきた人びとにとって、「立身出世」は親不孝でもあったのではないか。立身出世とは、別の言い方をすれば、先祖代々受け継いできた田畑や山林、家業に特有の技能などを、「よりよい職業」があるからと投げ捨てて家業を継がないという選択を奨励することでもある。家業を継承しながら生きてきた当時の人びとにとって、これははなはだ不道徳な教えに他ならない。そのような理念によってつくられた「学校」に子どもを通わせることが、どうして積極的に受け止められただろうか。

さて、このような事情のなかで、前述したように学制期の学校教育政策は失速し、その担い手であった開明派もまた、イニシアティブを失っていくのである。

開明派に替わり、明治一〇年代の前半から教育政策のイニシアティブをにぎるようになるのは、元田永孚《もとだながさね》を中心とする「宮廷派」と呼ばれる勢力である。宮廷派は、日本を一刻も早く列強に認められる国家にしなければならないという問題意識においては開明派と共通していたが、開明派がそのために「欧米列強と同じ文明国家」になることをめざしたのに対し、宮廷派は「欧米とは異なる独自の国家」を打ち立てようとした。その際中心となるべきと考えられたのが、天皇及び皇室であり、「他国にはない」美質として日本が天皇家によって代々統治されてきたことを挙げ、欧米とは異なる天皇中心の統治体制をもつ国家として日本を作り上げることをめざしたのである。

一八七九（明治一二）年、田中不二麿は開明派最後の教育政策として「自由教育令」を公布する。これは、就学率が伸び悩み、各地で民衆の生活状況が困窮する中、学校の建設や就学の督促を急がせず、その義務を緩和する性格のものであった。しかしこれを開明派の事実上の「敗北宣言」と見てとった宮廷派は、同年から教育政策のイニシアティブを奪い、学制期の政策を批判しつつ自らの教育政策を展開していく。

その嚆矢となったのが、元田が執筆し天皇の名によって出された「教学聖旨」である。そこでは、学制期の教育政策が次のように批判されている。

「其流弊仁義忠孝ヲ後ニシ徒ニ洋風是競フニ於テハ将来ノ恐ルル所終ニ君臣父子ノ大義ヲ知ラザルニ至ランモ測ル可カラス」

そして、学制が「仁義忠孝ヲ後ニ」したとする批判を踏まえ、自らの教育理念を次のように説く。

「教学ノ要仁義忠孝ヲ明カニシテ知識才芸ヲ究メ以テ人道ヲ尽スハ我祖訓国典ノ大旨[4]」

つまり、学校教育においては知育（「知識才芸」）よりも徳育（「仁義忠孝」）が先に来る＝重視されるべきであり、それを怠ったことが学制の失敗だった、と言うのである。

同時に、彼らの言う仁義忠孝の教育＝徳育の性格もまた、この短い引用から垣間見ることができる。仁義忠孝の教育をおろそかにすれば、将来人びとが「君臣父子ノ大義ヲ知ラザルニ至ラン」というのであるから、彼らの考える道徳教育はまず何よりも、君臣の義＝忠誠・忠義と、その原型としての父子の義＝権威への従順とを育てるものであるということになる。

教学聖旨の発布を受けて、翌年には「改正教育令」が出され、さらにそれを受けてその翌年（一八八一年）、小学校段階を対象とした「小学校教員心得」が出される。そこには次のように書かれている。

「…人ヲ導キテ善良ナラシムルハ多識ナラシムルニ比スレバ更ニ緊要ナリトス故ニ教員タル者ハ殊ニ道徳ノ教育ニ力ヲ用ヒ生徒ヲシテ皇室ニ忠ニシテ国家ヲ愛シ父母ニ孝ニシテ長上ヲ敬シ…凡テ人倫ノ大道ニ通暁セシメ且常ニ己カ身ヲ以テ之カ模範トナリ生徒ヲシテ徳性ニ薫染シ善行ニ感化セシメンコトヲ務ムベシ[5]」

ここにはより明確に、生徒を「皇室ニ忠ニシテ国家ヲ愛スル」ようにさせることが道徳教育であること、そして道徳教育は知育よりも重要な学校の任務であること（生徒を「善良」にすることは「多識」にすることより「緊要」）が記されている。

三、道徳教育重視への批判と、推進派の意図

では、このような宮廷派の教育政策は当時の人びとにはどのように受け止められたのだろうか。残念ながら、一般民衆のレベルでこうした政策がどのように受け止められたかを示す資料・証拠に筆者は出会ったことはない。就学率はこの時期から徐々に上がっていくが、一般にはそれは宮廷派の教育理念が受けいれられたからというより、小学校の無償化が進んだことと、学校が時期を経ることによって徐々に地域社会になじんでいったこと、教師もまた庶民層出身の者が徐々に増えていった（学制初期においては「士族授産」政策の影響もあり、教師の圧倒的多数は旧武士層出身だった）ことなどが原因とされる。

ここでは、教学聖旨と改正教育令に対する反発の一つの事例として、高知県の自由民権運動の活動家でもあった植木枝盛の主張を取り上げておきたい。

植木は、「土陽新聞」に寄せた論説「教育ハ自由ニセサルヘカラス（教育は自由にせざるべからず）」で、改正教育令を全面的に批判している。識字率などによって示される基礎的な教育の普及という点においては、日本と欧米との間には差がないばかりか、むしろ日本の方が勝っていることを示しつつ、他方で「ではなぜ欧米の方が圧倒的に科学文明が進んでいるのか」という問いをたて、それは欧米の教育、社会のあり方が「精神の異同」を大切にするからだ、と言う。つまり、西欧の科学文明は、多様な「違った考え方」が存在することを許容する社会において、そうした「違った考え方」同士の間で様々な議論・論争が起こり、つねにそうした意見の対抗関係のなかで「より優れた」見解が磨き上げられてきたためだ、というのである。他方日本は、皆に同じものを与え

るという意味での基礎教育は普及しているが、違った考え方を許容したり奨励したりする文化がなく、皆が同じであることをよしとするために、西欧のような文明を育てる点において遅れをとっているのだ、と。そのような彼我の違いの認識に立って、植木は次のように改正教育令を批判する。

「…国民を一様に教育せんとするは…所謂一主義を国中に弘布するものにして国家開明の最も害とするところなり。全国民をして一様一体の精神に養成せしめんと欲せば…国民をして…操り人形に為す可けん哉。宜しく精神の異同を養成して以て独立の気象を渙発すべき也。[6]」

この植木の論は、道徳教育を主眼においたものではないけれども、しかし彼が問題にしているのは「一主義を国中に弘布する」ような教育であるから、仮に政府が学校教育を通じて特定の道徳的見解を国民に「弘布」しようとするようなことがあれば（後述するように、以後の教育政策は実際にそうなっていくのだが）、それも植木の批判の対象に含まれると読んでいいだろう。そうした、国家による思想統制は、それが教育の名において行われようが、やはり「国家開明の最も害とするところ」であり、国民を「操り人形に為す」ことなのである。学校教育制度の草創期においてすでに、このような主張が日本の民衆運動のなかに存在していたことは、特に記しておきたい。

それでは、宮廷派に代表される当時の教育政策は、なぜ「道徳」を中心におき、植木の言葉を借りれば「一主義を国中に弘布する」ことをめざしたのだろうか。

そこには、まず宮廷派と開明派の違いを問わず、当時の政府関係者が概ね共通してもっていた危機意識・課題意識が関係している。

その危機意識とは、新しくつくられるべき近代国家「日本」において、肝心の国民のなかに、自らを「日本人」と捉えるナショナル・アイデンティティが希薄であり、そのような帰属意識の希薄さは欧米列強との軍事的対抗関係において致命的なものとなり得る、という認識である。そこから、早急に一般国民のなかに「日本」という国家への帰属意識、自らを「日本人」であるとするアイデンティティを形成しなければならない、という課題意識が導かれていたのである。(7)

たとえば開明派の理論的中核の一人であった福澤諭吉は、著書『学問のすゝめ』の第三編において、儒教的な統治方法(「孔子様の流儀」)として、国民一般には国政に関する事柄を知らせず、少数の知者だけで国を治めるやり方を挙げ、それについて次のように論じている。

「一旦外国と戦争などの事あらば、…無智無力の小民等、…「われわれは客分のことなるゆゑ、一命を棄つるは過分なり」とて逃げ走る者多かるべし。…/外国に対してわが国を守らんには、…国中の人々、貴賤上下の別なく、その国を自分の身の上に引き受け、…おのおのその国人たるの分を尽くさざるべからず。…本国のためを思ふことわが家を思ふがごとくし、国のためには財を失ふのみならず、一命をも抛ちて惜しむに足らず。これすなはち報国の大義なり。(8)」

「外国との戦争」を想定し、そこで国民が「一命をも抛ちて」戦うようにするためには、国家への帰属意識を育てなければならない、というのである。福澤がそのためにどのような教育内容を想定していたかまではこの前後からも明らかではなく、国政についての知識を広く国民に学ばせ、政治への参加の機会をもある程度は開いて、いわば「当事者意識」を育てることを構想していたのかも知れない。

しかし、明治政府内部の、より宮廷派に近い立場にあっては、こうした課題意識は直接的に道徳教育によって、すなわち「愛国心」を注入することによって、果たされようとしていた。

以下は歴史学者の小熊英二からの引用だが、当時陸軍を統括する立場にあった山県有朋の、沖縄における教育についての叙述である。

「山県の考えでは、コスト面からいっても、その土地を「守るに士人を以てするは兵の原則」である。だが、現時点では沖縄人の日本への忠誠は疑わしく、「此の如き人民をして我要地たる南門の守護たらしめんとするは方今に在て決して行ふ可からさる」状態でしかない。したがって、「愛国の気象を作起…」することが「政略上最も必要」となるが、そのために教育が重要となる。なぜなら、「沖縄人の愛国心と相伴ふものは教育の一事」であるからだ。そして、教育によって忠誠心を浸透させながら徴兵を行い、「漸次其島人をして一団体の常備兵を編制せしむるの目的を以てせは…費用も頗る節減するを得」るだろうというのだった。[9]」

沖縄が日本に一方的に編入されたのは、奇しくも「教学聖旨」が弘布されたのと同年、一八七九（明治一二）年である。それまで沖縄は清王朝と日本政府への「両属」という立場に置かれてはいたが、れっきとした独立国＝琉球王国であった。沖縄以外の日本においても一般民衆の「日本人」というアイデンティティはきわめて脆弱なものであったと思われるが、沖縄においては特にそうした傾向は顕著であったと思われる。しかもその沖縄は、当時の国際情勢から言って、欧米列強と日本とが軍事的に対抗する場合にはきわめて重要な地理的位置にあり、山県はそれを「我が要地たる南門」と表現している。そこに住む人びと（一方で「士人」とも表現されていることに当時の日本政府の沖縄への眼差しがどのようなものであったかが窺われるが）に「日本人」としてのアイデンティティと「愛国心」を教え込み、いざという時に日本の軍人として戦うことを求めることが、軍事的なコスト軽減の手段として語られていることも衝撃的だが、ここではともあれ、愛国心教育を含む道徳教育がそのような課題意識から主張されていたことを指摘しておきたい。

そして、こうした課題意識は何も政府要人だけのものだったのではなく、実際に教育の任にあたる教師のなかにも、少なくとも一部においては、分けもたれていたと思われる。再び小熊から引用する。

「そこ（沖縄：引用者注）で日本への忠誠心育成と同化が重視されたことは、いうまでもない。ただしそれは、あらかじめ「日本人」である者たちに忠誠心を育成してゆくのではなく、「日本人」という自覚のない者を「日本人」に改造してゆく作業であった。たとえば、一八九六年のある教員の寄稿は、このように語っている。「…本県児童は、内地、沖縄と称するの語を以て…日本帝国東京府、日本帝国青森県、…日本帝国沖縄県なるを知了せず、内地と沖縄と、個々区別して、心に沖縄を以て一大世界と為し、内地を外国視するの傾向あり…」／この教員によれば、…彼らには、「日本人」という意識が欠如しているのだ。／こうした状態を打破する必要は、やはり国防上の理由から主張されていた。この教員によれば、沖縄住民に「日本人」としての自覚が欠けていることがなぜ問題なのかといえば、「内地各県と相提携し、凡そ有事の日に在て、護国の用たるべきの義務あるを解する者、幾んど希れ」だからだった。[10]」

四、教育勅語における道徳教育論

こうした課題意識に導かれ、宮廷派のイニシアティブによって教育政策に具体化される道徳教育重視論は、一八九〇（明治二三）年、「教育ニ関スル勅語」（以下、教育勅語と記す）の渙発をもって完成を見る。教育勅語は言うまでもなく、その後一九四五年の敗戦に至るまで日本の学校と教育を根本のところで支配し続ける文書であるが、それは端的に日本の学校教育の目的が道徳教育にこそあることを語り、学校で教えられるべき道徳の内容についても規定しているのである。

まず、勅語冒頭は次のように書き出される。

「朕惟フニ、我カ皇祖皇宗國ヲ肇ムルコト宏遠ニ徳ヲ樹ツルコト深厚ナリ。我カ臣民、克ク忠ニ克ク孝ニ、億兆心ヲ一ニシテ世々（よよ）厥（そ）ノ美ヲ濟（な）セルハ此レ我カ國體ノ精華ニシテ教育ノ淵源亦（また）實ニ此ニ存ス。[11]」

主旨を現代語に意訳すれば、天皇家の祖先（皇祖皇宗）が日本という国を建国した際に、同時に道徳をも樹立（徳を樹つ）した、ということが書かれている。そして日本の「臣民」は、代々にわたってその「徳」を実践し受け継いできた、と言う。つまり、日本という国家はこの、天皇家がかつて打ちたてたとされる「徳」によって結びついた国家（＝道義国家）なのであり、その点が日本という国家の他にはない特質（＝国体の精華）なのである。国民を結びつけてきたこの「徳」を次の世代にも受け継がせて行かなければ、論理的に、国家としての結びつき自体が弱体化し、日本の国としての特質が失われることになる。したがって「教育の淵源」＝教育の根本的な課題、教育の存在理由は、そうした国家道徳を教え継いで行くことにあることになる。

では、勅語が想定する「徳」の具体的内容とはどのようなものだろうか。それは勅語の続く部分に列挙されている。

「爾（なんじ）臣民、父母ニ孝ニ兄弟ニ友ニ夫婦相和シ、朋友相信シ、恭儉己レヲ持シ、博愛衆ニ及ホシ、學ヲ修メ業ヲ習ヒ以テ智能ヲ啓發シ、徳器ヲ成就シ、進テ公益ヲ廣メ、世務ヲ開キ、常ニ國憲ヲ重シ、國法ニ遵ヒ、一旦緩急アレハ義勇公ニ奉シ以テ天壤無窮ノ皇運ヲ扶翼スヘシ。(12)」

親への孝行に始まり、前半に列挙される「徳目」は、今日でも（議論はあるだろうが）場合によっては受け入れ可能なものと捉える人もいるかも知れない。こうした、いわば道徳教育の内容・目標を、教育に関する最も根本的な指針として明示した点が、今日これを「望ましいもの」と捉える一部の論調の根拠になってもいる。だが、これらの「徳目」は最終的には「一旦緩急あれば義勇公に奉じ…皇運を扶翼すべし」という、勅語においては最大・最終の徳目とされるものに収斂するのである。

念のためにその意義を現代語にしておけば、それは「戦争になったら勇ましく公に奉仕し天皇を助ける一翼となれ」という意味である。

このようにして、日本の学校の黎明期において、道徳教育を学校の最重要任務とする、欧米には見られない学校教育観・道徳教育観が導入されたわけである。

それはじめから、民衆や子どもたちの教育要求に根ざしたものではなく、政府がどのような国家・国民を造りたいかという構想から導かれたものであった。そのため、そこで言う「道徳」の内容も、たとえそこに一般庶民が共感を覚えやすい「孝行」や「倹約」といったものが含まれていたとしても、最終的にはそれら全てが「国のため」「天皇のため」にまとめあげられる性質のものであり、戦争という事態が生じることを前提に、いざという時には国のために戦い、自己犠牲を厭うなという内容を核とするものであった。

五、戦争の時代と道徳教育

そして周知の通り、その後一九四五年までの日本の歴史は、実際に戦争の歴史であった。特に昭和初期、一九三一（昭和六）年の満州事変から、その後の日中戦争（一九三七年〜）、太平洋戦争（一九四一年〜）に至る経過は、まさに泥沼の自滅戦争への道であった。そうした時代のなかで、学校道徳教育はどのように行われ、どのような役割を果たしたのだろうか。ごく簡単にその経緯を追っておきたい。

まず、こうした時代状況のなかで、政府は特に道徳教育の実施に力を入れていたということができる。明治以来学校道徳教育を担ってきた「修身」の時間は、教学聖旨を受けた改正教育令以来「筆頭科目」に位置づけられ、勅語渙発によってさらにその権威を増していたが、一九〇四（明治三七）年からは（他教科も同時にではあるが）国定教科書制度となり、修身の教科書は国家が作成したものとなる。

大正期にはいわゆる「大正デモクラシー」の雰囲気のなかで、教育においても一定の自由が容認され、私立学校や国立（師範学校附属）学校を中心に「大正自由教育」が行われるが、しかしこうした動きも大正末には政府によって取り締まられるようになっていく。

国の教育に対する統制が強化される流れを象徴する事件の一つに、一九二三（大正一二）年に起きた「川井訓導事件」と呼ばれるものがある。これは長野県の松本女子師範学校附属小学校において、教師川井清一郎の行った授業が、視察に訪れていた文部省の視学らにより糾弾され、結果的に川井が退職を余儀なくされるという事件であるが、この際問題となった川井の授業は修身の授業であり、それが糾弾された直接的な原因は、国定教科書を使わなかったことであった。(13)

満州事変の起きた一九三一（昭和六）年には、教員養成の要であった東京高等師範学校の創立六〇周年記念式典に昭和天皇が自ら列席し、「健全ナル国民ノ養成ハ一ニ師表タルモノノ徳化ニ竣ツ　事ニ教育ニ従フモノ其レ奮励努力セヨ」と、教員養成教育における道徳教育の重要性を述べている。

さらに、一九三四（昭和九）年には、「全国小学校教員精神作興大会」と称する会合を皇居にて行い、そこには全国の小学校教師から三万六千名の代表が集められ、天皇自らが次のように語った。

「国民道徳ヲ振作シ以テ国運ノ隆昌ヲ致スハ其ノ淵源スル所実ニ小学教育ニ在リ事ニ其ノ局ニ当ルモノ夙夜奮励努力セヨ(14)」

つまり、小学校教育の任務は「国民道徳」の「振作」であり、それは「国運の隆昌」に関わる一大事業だということを心せよ、というのである。

小学校教師を対象としたこの「特別な」会合に代表として参加し、天皇からの直接のメッセージを受けて、ある小学校長は次のような所感を残している。

「おお、何たる大御言葉、この不肖の我に、この無力な自分に、「国運隆昌の淵源はお前の肩にかかっているぞよ」と仰言らるるではないか。ハラハラと頰を伝う涙をどうすることも出来ない胸が何だか熱くなって来る。／今日、今の如く自分は、はっきりと自分の職務を自覚したことがあったろうか。…自分は今日今の如く「自分は　天皇の御命によって働いているのだ」と自覚したことがあっただろうか。今日が日迄教え来った何百の児童、それは思えば皆陛下の赤子であったのだ。その一人一人が日本国家の国運を背負っている国の柱であったのだ。自分の話し来った百千の話、訓辞、それは一言一句が一つ一つ、この国運を左右する原動力となるのであったのだ！ああ、そこまでは思い至らなかった。今日、今、自分は自分が大臣宰相よりも、大将顕官よりも、大富豪よりも、如何に偉大な力を国運の発展に対してもっているかをはっきり掴んだ。(15)」

現代の私たちから見れば、なんとも異様な感慨である。ここには、子どもの教育が「国のため」のものであると捉えることに対する何の懐疑も見られない。それどころか、「国のため」であることを強調されることで、かえって自らの仕事の重要さを確認し、それを天皇に認められたことで「喜び」とするという感情の流れが読みとれる。

もちろん、全ての教師がこれと同様の感慨をもったわけではないだろう。だが、当時の社会の雰囲気のなかで、「現人神」と崇められた天皇から直接的に、小学校教育の重要性を語られ、自らの「仕事」への自負や意欲をより確かなものにした教師は、少なくなかったのではないだろうか。

では、「修身」の時間を通じて教えられた道徳教育の中身は具体的にはどのようなものだったのだろう。

ここでは、昭和初期に用いられた修身の国定教科書（第四期）から、当時の小学校における道徳教育の内容を

オヤヘ　ガ、ビャウキ
デ　ネテ　井マス。
オトウサン　モ、
オカアサン　モ、
ソバ　ニ　ツイテ、
シンパイサウナ
カホ　ヲ　シテ
イラッシャイマス。

オヤザル　ガ、ウタレ
マシタ。
コザル　ガ、タスケ
ヨウ　ト　オモッテ、
ロ　デ　テ　ヲ　ア
ブッテ、オヤザル　ノ
キズグチ　ヲ、アタタ
メテ　井マス。

概観していきたい。

右ページの図は、小学校一年生の修身教科書の、はじめの見開きページである。まだ文字も教わっていない子どもたちが最初に目にする道徳教育の中身は、皇居と、天皇の身辺を警護する近衛兵を先頭とした行列の威容である。なおこのページをはじめ、小学校一年生用の修身国定教科書は全ページがカラー印刷であり、当時の道徳教育に対する政府の力の入れようが窺われる。

続いて示すのは、同じく小学校一年生用の修身教科書から、目次では「オトウサン　オカアサン」、「オヤ　ヲ　タイセツ　ニ」と題された単元である。この二つの単元は、同じ見開きの右ページと左ページに配置されている。

まず右ページの「オトウサン　オカアサン」では、多くの子どもが実際にそれと近い経験をもっているであろう、病時に両親に優しくしてもらったことを想起させる題材が取り上げられている。風邪をひいたり体調が悪い時、子どもは誰しも不安な気持ちになるだろう。そういう時に、両親がやさしく看護してくれたり、側についていてくれたことで安心したり、親の存在をありがたいと思った経験は、ありふれたものである。そうした経験を想起させることで、親のありがたさ、孝行の「動機づけ」を共有させる仕組みになっている。

だが、話はそこで終わらない。

次ページには、一転して現実にはあり得ないと思われる題材が提示される。そこでは、怪我をした親猿を助けるために、子猿が自らの手を炉の火で炙って、親猿の傷口を温めるという逸話が掲載されている。これは一体何を意味するのか。

これは、前ページで確認された「親の恩」に報いるという意味での「孝行」の実践を示したものであろう。子は、親に受けた「恩」に、自らを犠牲にしてでも報いなければならないというメッセージが含まれている、と読

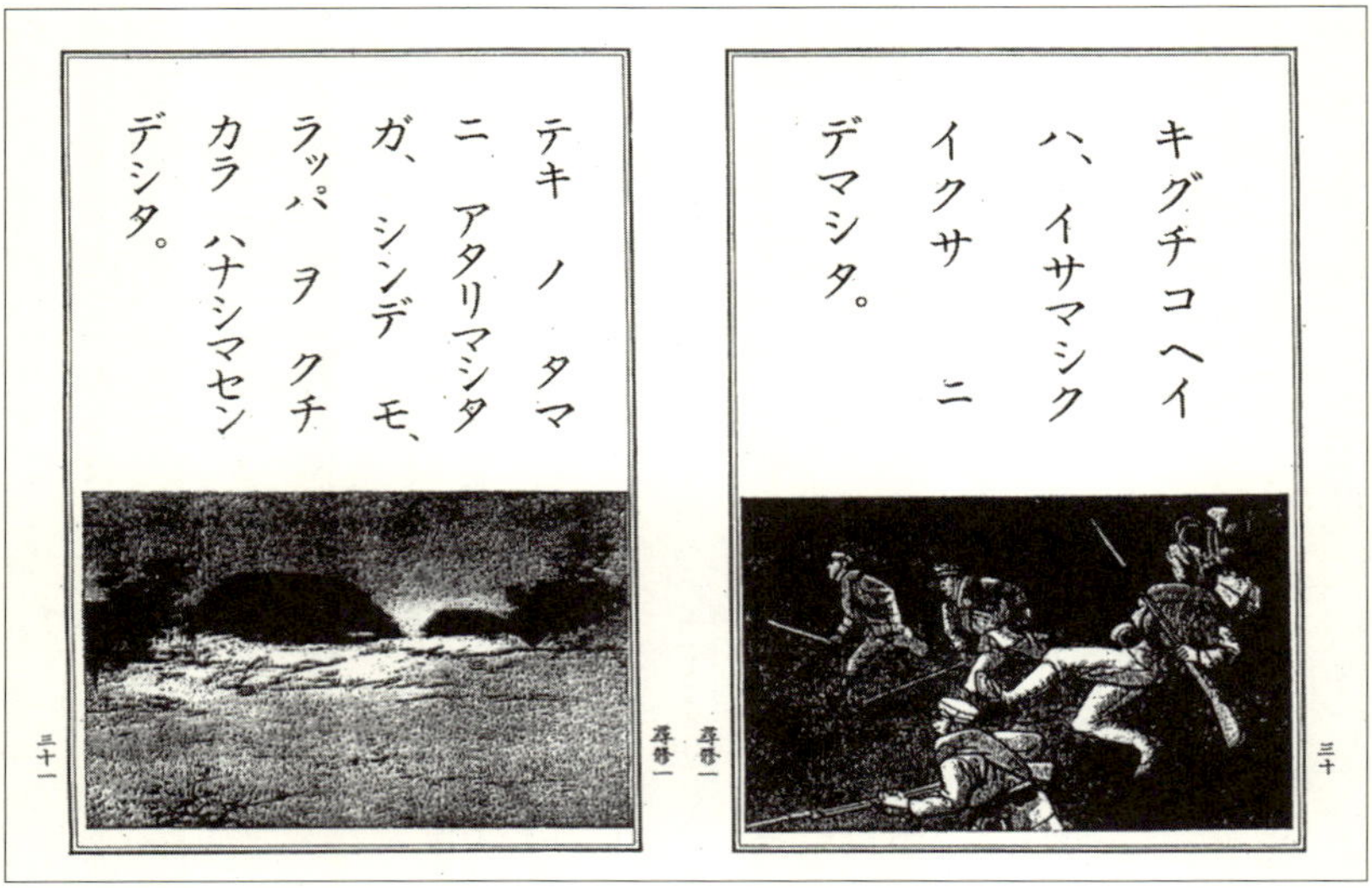
キグチコヘイハ、イサマシクイクサ ニデマシタ。

三十

テキ ノ タマニ アタリマシタガ、シンデ モ、ラッパ ヲ クチカラ ハナシマセンデシタ。

三十一

むのが素直な読み方であると思われる。

こうした「孝行」の捉え方にはもちろん現代では異論もあろう。しかし、国定修身教科書の論理は、こうした「孝行」の実践を称揚することでもまだ終わらない。同じ（小学校一年生向けの！）教科書の数ページ後には、目次では「チュウギ」と表記されている内容が来る。それが上図である。

木口小平は実在した日清戦争時の陸軍兵士である。まだ白兵戦が主流だった時代の陸軍において、突撃の際士気を高め、兵士を鼓舞する「進軍ラッパ」はきわめて重要な役割であると考えられていた。ここに掲載された「美談」が事実であるかどうかは確認のしようがないが、ともあれ、銃弾にあたり自らの生命が絶えようとする瞬間にも、国から与えられた任務を最優先し、その結果「死んでもラッパを口から離」さなかったことが、日本人のあるべき「道徳」的な姿として描かれている。

前述した教育勅語に示された日本の国家道徳の「徳目」では、はじめに「父母に孝に」があり、おわりに「義勇公に奉じ…皇運を扶翼すべし」が来る。この、国民道徳のいわば「入り口」と「出口」は、当時「ひとつながりのもの」として捉えることが、勅語の正しい理解として推奨されていた（＝忠孝一本。井上哲次郎『勅語衍義』など）。つまり、天皇は国民すべての「親」にあたる存在なのであるから、自らの親への孝行の精神は、つきつめれば天皇への忠義の精神に行き着く、というわけである。この教科書においても、親への孝行が自己犠牲を伴っても実行すべき徳であるという形で示され、その後に、そのいわば展開形態として、天皇への「忠義」を、やはり自己犠牲を伴って、実践すべきであるという構成になっているわけである。

小学校一年生という段階で、このように自己を犠牲とした国家への献身を、軍国美談という直接的な形で「道徳」の「教材」としていたわけである。

もちろん、このような内容は二年生以降でも繰り返し登場する。扱われる題材はやや「難しい」文章にはなっていくが、込められているメッセージは基本的に同一であり、天皇を敬うこと、天皇の治める国家である日本は他国より優れていること、そして、日本国民は天皇の「恩」に自己犠牲によって報いなければならない、そうすることが国民道徳である、というメッセージである。こうした教材は枚挙にいとまがないが、いくつかを抜粋しておく。

「テンノウヘイカ（小学校二年生）
テンノウヘイカ　ハ、ワガ大日本テイコクヲ　オヲサメ　ニ　ナル、タットイ　オンカタ　デ　アラセラレマス。／テンノウヘイカ　ハ、ツネ　ニ、シンミン　ヲ、子　ノ　ヤウ　ニ　オイツクシミ　ニ　ナッテイラッシャイマス。／私タチ　ガ、大日本テイコク　ノ　シンミン　ト　生マレテ、カヤウ　ニ　アリガタイ　オンカタ　ヲ　イタダイテ　ヰル　コトハ、コノ　上　モ　ナイ　シアハセ　デ　ゴザイマス。」

「忠君愛国（三年生）

明治三十七八年戦役の時、陸軍騎兵大尉小林環は、上官のめいれいを受けて、度々敵の陣地に深くはいりこんで、敵の様子をさぐり、りっぱなてがらをたてました。（中略）小林大尉（と部下の二人：引用者）は、しまひには「敵の陣地のずつと後の様子をさぐつて来い。」といふ、重いめいれいを受けました。しかし、敵のまもりがきびしいので、進むことが出来ません。そこで、今度は満州のひゃくしゃうに姿をかへ、荷馬車に乗って出かけました。…さうして、敵のそなへをくはしく見とどけてかへる時、ざんねんにもとうとう敵に見破られてとらへられ、やがて殺されることになりました。しかし、二人は、しまひまで日本軍人であることを忘れず、おちつきはらつて

「天皇陛下萬歳。」

ととなへ、勇ましいさいごをとげました。敵の人たちも、大そう感心して、「あっぱれ、軍人の手本である。」と、ほめない者はありませんでした。」

「靖国神社（四年生）

東京の九段坂の上に、大きな青銅の鳥居が高く立ってゐます。其の奥に、りつぱな社が見えます。それが靖國神社です。

靖國神社には、君のため國のためにつくして死んだ、たくさんの忠義な人々がおまつりしてあります。（中略）君のため國のためにつくして死んだ人々をかうして神社にまつり、又ていねいなお祭りをするのは、天皇陛下のおぼしめしによるのでございます。私たちは、陛下の御めぐみの深いことを思ひ、ここにまつつてある人々にならつて、君のため國のためにつくさなければなりません。」

「君のために死んだ」人びとに「ならつて…つくさなければ」ならないということは、とりもなおさず、靖國の「英霊」同様、天皇のために戦って死ね、ということである。

そして、子どもたちは小学校入学時点から「教育勅語」を暗唱することを強いられ続けたのだが、六年生になってようやく「修身」教科書の内容として、「教育勅語」の意味が語られる。そこでは前述の「一旦緩急アレハ…」のくだりが、

「もし國に事変が起つたら、勇気を奮ひ一身をさゝげて、君國のために盡くさなければなりません。」

と書かれていたのである。

もちろん、ここに紹介した以外にも修身教科書には様々な内容が含まれており、中には述べてきたような国家主義的な道徳とは無縁の内容もある。しかし重要なのは、「孝」にはじまり「忠」に至る、自己犠牲を美とする道徳観がそこには通底していたことであり、戦前期日本の学校道徳教育の主旋律は、間違いなく「国のための自己犠牲」を日本人の道徳と捉える道徳観であったことだろう。

六、国家主義的な道徳教育がもたらしたもの

当時小学校低学年から徹底して行われたこのような道徳教育は、子どもたちをどのように育てることになったのだろうか。

第一にそれは、そのような教育を行わせた政府の意図通りの効果を、ある程度まではもったと言えるだろう。

しかしそうした道徳教育の「成果」は、今日の私たちから見た時、決して道徳的なものでも美しいものでもない。例えば次のような証言がある。

「同化・皇民化（＝「日本人化」：引用者）の質は、世代や性差によっても異なる。宮城晴美…によれば、座間味島の「集団自決」の犠牲者のうち、女性や子どもが八三パーセントを占めるが、「教育を受けてない、いわゆる無学文盲の年寄りの圧倒的多数が、『自決』を拒否した」。同化・皇民化教育を受けた若い母親たちは、「良妻賢母」思想と貞節を守る「日本婦道」を内面化して死へと向かったが、「無学文盲の年寄り」は、「子どもを殺そうとする嫁や娘から孫たちを奪いとって守りとおした」という。「集団自決」をめぐる極限状況において、生死を分ける境界に、同化・皇民化が関わっていた。(16)」

沖縄・座間味島における集団自決は、一九四五年三月二六日の米軍上陸とほぼ同時に起きている。そこでは「鬼畜米英」とする敵国への憎悪と恐怖感を煽るプロパガンダと、「貞淑・貞節」を日本女子の道徳とする道徳教育とが相まって、米軍に捉えられる前に自決することが日本人としての「道徳」と捉えられたのである。子どもだけを残して逝くわけにはいかない母親たちは、まず自らの子の生命を断ち、後に自らも自決するという凄惨な行為を強いられたのだが、学校で「（日本人との）同化・皇民化」教育を受けていない世代の老人たちは、そうした行為に反対し、子どもを守ろうとした、というのである。この対比は、当時学校で行われた「修身」教育の「効果」を物語るものとも受け取れるだろう。

もう一つの事例として、二〇一五年一〇月に読売テレビ系で放送されたドキュメンタリー『しゃべってから、死ぬ』に収められた、日中戦争時の南京攻略に参加した日本陸軍兵士の日記を挙げたい。

軍に招集されるまでは、福島県で農業にいそしむ普通の市民だった人物が、歩兵第六五連隊の一員として南京攻略に参加するのだが、大量の捕虜の始末に困った部隊は、ある日五千人の捕虜を一斉に銃殺する判断を下す。日記を残した兵士は、機関銃で一斉射撃を受けた後の人間の山に登り、生存者を銃剣で突いて絶命させるという任務を命じられる。「ザック、ザックと」「三〇人ほどを突き殺した」ことが日記に記されているのだが、その際の感想は「勇気が湧いてくる」というものである。(17) この日記を書いた兵士は学校道徳教育について直接語っているわけではないし、軍隊における教育・訓練や、当時の社会全体を覆っていた空気の影響ももちろんあるだろう。だが、「国のため」に「奉じ」ることを最高の徳とし、他方で「死は鴻毛よりも軽し」（軍人勅諭）と生命軽視を教えた学校道徳教育が、こうした日本軍兵士の道徳観・倫理観と無関係だったとは思えないのである。

戦後、児童文学作家として活躍することになる山中恒は、終戦時に旧制中学の生徒だったが、終戦の報せを知った彼を真っ先に捉えたのは、「陛下の御親近を安んずることができなかった」自分たちは「不敬である」という思いであったという。そこから彼は、「自決して詫びなければならない」と思い込むのである。自分たちにそうした道徳を教え込んだ大人、教師たちが、いくら待っても自決しないのを見て、かれ自身も考えを改め「だまされた」ことに気づくのだが、この山中の証言(18)にも、当時の「道徳教育」がもっていた強烈な「教育効果」が示されていると言えるだろう。

このように、当時の子どもたちの内面に対して無視できない影響をもったと思われる道徳教育であるが、第二に指摘しておきたいのは、それが必ずしも道徳教育としての「効果」をもたなかった側面である。一方でここまで述べたように、軍隊で、戦場で、国から強制された「道徳」は猛威を発揮した。しかし他方で、当時の人びとや子どもたちが「修身」の教科書に記されるような「模範的な」日本人ばかりではなかったことの証言も、枚挙にいとまがない。

例えば、戦争末期の一九四四年から行われた学童集団疎開の経験としてしばしば語られるのが、疎開先での子どもたちの「いじめ」や、力の強い上級生による食糧や物資の独り占めといった話である。(19) 学徒勤労奉仕先の工場などでは物資の横流しが横行していたとする証言もある。

小熊英二は『〈民主〉と〈愛国〉』において、戦争末期の日本市民の道徳的状態を「モラルの焦土」と表現し、当時学生として工場に動員されていた武田清子の証言を紹介している。

「…日本の飛行機の骨をつくっている自分たちの鋳型工場から生産高がどのように正式に報告されていようとも、それらの製品の中にどんなに不良品が多いかということを最もよく知っているのは、現場で働くこれらの人たちである。そしてそうした不良品の原因が、当時の日本の窮迫によるだけではなくて、上役による材料の横流しや、いろいろの嘘によっていることを知っているのも彼らであった。自分たちもまた職階が可能にさせる程度に応じての横流しをすることが当然とされる世界であった。(20)」

続いて、小熊は次のように記す。

「物資の不足が著しくなった戦争後期には、大蔵大臣だった賀屋興宣が杉並区内の木炭を自宅に買い占めているとか、失火で焼けた荒木貞夫陸軍大将の家から大量の隠匿食料が出てきたといった情報が、口伝えで広まっていた。彼らは、耐乏生活や「滅私奉公」を、公式の場では訓示していた人びとだった。のちに吉田茂内閣の文相となった倫理学者の天野貞祐は、戦時期を回想して、「皮肉なことには、自分を持たないはずの全体主義者たちが事実においては最も私利私欲を追求する人びととして、一番自分を持つ人びとであった」と述べている。(21)」

このように、公的・社会的意味での道徳性をもたず、場面を選んで私利を追求する人びとの姿は、先に述べた学童集団疎開先での子どもたちの姿にも重なる。学童集団疎開に参加した柴田道子の回想を、小熊の著書から引く。

「私たちの部屋は学寮中の模範だった。規律を守り、あまりさわがず、先生を困らせることがない、その上よく勉強する班、先生はまったくそれ以上の何を求めよう。だが先生の目がとどかないところで恐ろしいことが起こっていた。…〔班長の〕A子は、自分の気に入らぬことが起った時、先生からおこごとをちょうだいした時、よくこの仲間はずれを行なった。B子は誰先生にひいきされているからとか、C子のところには家からよく手紙が来すぎるとか、たわいない理由から、班中の子どもに命令して、B子をぶつとか、その日はC子と口を聞かないことなどのきびしい制裁をするのだった。この仲間はずれは順番のように廻って来る。被告の子どもは、一時もはやく仲間はずれから解放されたくてじっとがまんして班長のゆるしを待つのだ。反撥したり、友に同情したりすると、すぐ仲間はずれが自分のところに廻って来る。…そのうち子どもたちは、班長の気をそこねないように色目を使うことを覚えた。東京から送られて来たお菓子を班長には多く与えるなどの形をとって現れた。(22)」

現代の「いじめ」と寸分変わらない状況が、徹底的に強化された道徳教育の下でも起きていたわけである。戦前の教育を美化し、例えば「勅語復活」などを言う議論においては、しばしば戦前の学校教育における道徳教育の徹底によって、当時の子どもたちは今よりも「規律正しく」「礼儀正しく」、つまり道徳的であった、と語られることがある。しかし実態はそのような単純なものではない。

むしろ、当時の日本人の多くは、子どもだけでなく大人も含めて、人びとの目にさらされる場面では公認の国家道徳に従っているようにふるまうものの、周囲の視線からある程度自由になった私的な領域においては、脱道徳的に私利私欲を追求するという姿をしていたことが窺われるのである。

そしてこのことは、国家によって強制された学校道徳教育と無関係ではないように思う。

丸山眞男は、戦後初の論文「超国家主義の論理と心理」（一九四六年）において、戦時中までの日本がどのような意味において「超」国家主義であると言えるのか、という問いを立て、次のような答を呈示している。

「ヨーロッパ近代国家は…真理とか道徳とかの内容的価値に関して中立的立場をとり、そうした価値の選択と判断は…個人の良心に委ね、国家主権の基礎をば、かかる内容的価値から捨象された純粋に形式的な法機構の上に置いているのである。…／ところが日本は明治以降の近代国家の形成過程に於て嘗てこのような国家主権の技術的、中立的性格を表明しようとしなかった。…第一回帝国議会の召集を目前に控えて教育勅語が発布されたことは、日本国家が倫理的実体として価値内容の独占的決定者たることの公然たる宣言であったといっていい。(23)」

つまり、ヨーロッパにおいては国家は、いかに専制的なそれであっても、教会勢力との闘争の中から生まれ出たという経緯を主たる原因として、人びとの内面的価値には立ち入らないという原則が維持されているのであるが、日本の場合は近代国家としての発足のはじめから、国家が「道徳的価値」をもつと主張することによって成立したというのである。そのような意味において、日本の国家は欧米諸国家とは異なる性質をもつ。それは端的に、道徳的価値を独占し、人びとの内面をも規律する国家―道徳教育を行う国家―である。

このような性格をもつ「超」国家としての日本において、人びとの道徳性はどのようになるのか。そこでは端的に言って、道徳的価値が国家によって独占されたことによる、市民道徳の空洞化とも言うべき現象が起きていたのではないだろうか。

究極の「善」は、国家によってすでに与えられており、これに疑いの目を向けることは厳しく禁じられている。したがって一般の人びとは、何が「善」であるかについて自ら自律的に考えることは許されないし、ひとたびそのように考え、その考えを口にしたならば、「不敬」「非国民」として排除されることを覚悟せねばならない。それゆえ、人びとは自ら善悪について考え、自律的に判断することを放棄する。善とは国家によって与えられるものであり、国家の命令あるいは期待どおりに振る舞うことが、即ち善である。そして、国家あるいは世間の目の届かないところにおいてどのような行いをなすかについては、規準が存在せず、自律的な道徳判断も放棄されているがゆえに、「私利私欲」が支配することとなる。

このように考えるならば、戦前・戦中の日本の道徳教育から今日私たちが学ぶべき教訓が見えてくるのではないだろうか。もちろん、そこで行われていた「忠君愛国」「忠孝一本」の教育内容は、それ自体きわめて抑圧的であり、繰り返し批判されるべきだろう。

しかし、そうした道徳教育の内容への批判とは別に、もう一つの教訓として、道徳的価値を個人の外部にある権威・権力が先取りし、個人に押しつけようとすること、それ自体の問題性が意識されるべきであるように思う。内容的にはいかに正しいと思われるものであっても、特定の道徳的価値をあらかじめ「正しい」ものと前提し、批判を許さずに教え込むこと。このことは、個人が道徳的価値について自律的判断を行うことを妨げ、結果として道徳的判断力の訓練を行わせないこととなる。他方、「正しい」価値として教え込まれたこと自体は習慣として定着するかも知れないが、それは批判的思考をくぐっておらず、論理的正当化も行われていない故に、表面的・形式的なものとして定着するに過ぎない。応用は利かないし、他者の視線のないところでは実践もされないかも知れない。それはいわゆる「面従腹背」の道徳を生むに過ぎないのではないだろうか。

今日行われている学校道徳教育は、もちろん内容面において（未だ幸いにして）戦前のものに回帰しているとまでは言えないだろう（第五章で論ずるように、そうした内容への回帰を志向する力は確かにはたらいてはいるのだが）。だが、たとえ内容面において戦前回帰と言えないとしても、教師が、あるいは教材が、疑いえない「善」を知っており、子どもにそれを一方的に教える、という構図はなお採られているのではないだろうか。だとしたら、そのような構図の下で行われる道徳教育は、子どもたち自身が自律的に道徳について考え、議論し、判断力を鍛えていくという意味での道徳の学習を阻害するものになっていないだろうか。

こうした問いについての考察は第二部において行うこととし、ここでは引き続き、その後の学校道徳教育の歴史的展開を見つめていきたい。

注

（1）学陽書房『教育小六法』資料編より。強調は引用者による。原文のかな使いを一部改めた。
（2）森重雄「モダンのプラティック」、森田尚人他編『教育学年報2　学校＝規範と文化』、新曜社、一九九三年。
（3）同前。
（4）「教学聖旨」、浪本勝年他編『史料　道徳教育の研究』北樹出版、一九八二年、四四ページ。
（5）「小学校教員心得」、同前書、五〇ページ。傍点は引用者による。
（6）植木枝盛「教育ハ自由ニセサルヘカラス」、家永三郎編『植木枝盛選集』、岩波書店、一九七四年。傍点は引用者による。
（7）この点については、副田義也『教育勅語の社会史　ナショナリズムの創出と挫折』、有信堂高文社、一九九七年に詳しい。

（8）福澤諭吉『学問のすゝめ』、講談社学術文庫版、二〇〇六年（原著は一八七二年）、四八ページ。
（9）小熊英二『〈日本人〉の境界　沖縄・アイヌ・台湾・朝鮮　植民地支配から復帰運動まで』、新曜社、一九九八年、三六ページ。傍点は引用者による。
（10）同前、四〇ページ。傍点は引用者による。
（11）「教育ニ関スル勅語」、浪本他編前掲書、一四ページ。傍点は引用者による。
（12）同前。
（13）山住正己『日本教育小史　近・現代』岩波新書、一九八七年。
（14）越智貢他編『岩波応用倫理学講義　6　教育』岩波書店、二〇〇五年、二三八ページ。
（15）草場弘『教育者・世を導かん』（一九三四年）、越智他編前掲書、一三九ページより重引。
（16）西谷修・仲里効編『沖縄／暴力論』未来社、二〇〇八年。
（17）なお、この日記は笠原十九司『南京事件』岩波新書、一九九七年でも取り上げられている。
（18）山中の証言は、二〇〇〇年にETV（NHK教育）で放送された『ETV二〇〇〇　ボクラ少国民』によった。
（19）NHK制作の『シリーズ証言記録・市民たちの戦争』のうち、地上波では二〇一〇年四月二五日に放送された「試練に耐えた「少軍隊」　東京・学童集団疎開の記録」には、東京都の精華国民学校で学童集団疎開を経験した当事者の証言が生々しく記録されている。
（20）小熊英二『〈民主〉と〈愛国〉戦後日本のナショナリズムと公共性』、新曜社、二〇〇二年、三六ページ。
（21）同前、三七ページ。
（22）同前、四〇ページ。
（23）丸山眞男「超国家主義の論理と心理」、『現代政治の思想と行動』、未來社、一九六四年、一三～一五ページ

第二章　戦後教育改革と道徳教育

一、修身の停止

一九四五（昭和二〇）年八月、日本人だけで三〇〇万人を超える死者をだしたアジア・太平洋戦争は、大日本帝国政府のポツダム宣言受諾＝無条件降伏をもって終了した。

敗戦国となった日本は、翌月から連合国による占領下に入る。そして占領下において、それまでの超国家主義・軍国主義的な諸制度を根本からつくりなおし、民主主義国としての日本を建設する一大改革が始まる。日本国憲法の制定に象徴されると言ってよいだろうこの改革は、もちろん学校教育のあり方にも及ぶものであった。

同年九月に来日した占領軍（形式的には連合国軍であるが、実態としては米軍）は総司令部（ＧＨＱ）を置き、その指示のもとに日本の改革が進んでいくことになる。教育に関しては、一九四五年中に四つの大きな指令（四大教育指令）が出されることになるが、それらはいずれも、従来行われていた学校教育のうち、超国家主義・軍国主義との関係でとくに問題があると思われる制度や慣行を「禁止」し停止する趣旨のものであった。

第一の指令は、「日本教育制度ニ対スル管理政策」と題され、使われていた教材の収集・点検や教師・教育行政職員の聴取等、以後展開されていく施策の基本方針を示したものである。

続く第二の指令は、「教員及教育関係官ノ調査、除外、認可ニ関スル件」であり、「管理政策」で基本方針が示された教師・教育行政職員の聴取と、その結果としての「除外」「認可」の基準について示している。第三の指令は、「国家神道、神社神道ニ対スル政府ノ保証、支援、保全、監督並ニ弘布ノ廃止ニ関スル件」である。

そして、年末になって出された第四の指令が、「修身、日本歴史及ビ地理停止ニ関スル件」であった。「管理政策」に基づき、学校で使われていた教科書及び教材はすべて蒐集され、内容的に問題のあるものはその使用を差し止めるなどの措置がとられようとしていたが、実際には占領軍のこの動きを先取りした文部省が、国定教科書の部分削除に関する指針（同年九月二〇日付文部次官通牒「終戦ニ伴フ教科用図書取扱方ニ関スル件」）を示し、教科書の部分削除が行われた。これがいわゆる「墨塗り教科書」である。

これにより、全教科の教科書において、超国家主義・軍国主義的内容、さらに皇室や神道の教義に関する内容も削除されるに至ったのだが、一二月に出された第四の指令は、修身、日本歴史、地理については教科書の部分削除といった限定的な措置では対策として不十分であるとの認識を示しており、これら三科目については「総テノ課程ヲ直チニ中止シ司令部ノ許可アル迄再ビ開始セザルコト(1)」を指令するものだった。

本書の主題である道徳教育＝修身については、前章でその内容を示したので、こうした占領軍司令部の判断も、緊急的なものとしてはやむを得ないと受け取ることができるのではないだろうか。また本章の主題からは若干外れるが、日本歴史については、当時それが天皇家の祖先たる「神代」から語られ、日本＝神国とするイデオロギーの温床だったこと、歴史上の人物についても、天皇の「臣下」としての功績が強調され、修身同様に「忠義」の美徳を強調する内容を持っていたことが「停止」の理由として考えられる。地理については、そもそも「日本」の領土や人口に関する記述が日清戦争以後に獲得した植民地を含んだ記述となっていたことから、内容の根本的な改変が必要であったこと、さらに「大東亜共栄圏」といった日本の軍事的拡張＝侵略を美化し正当化する内容が随所にちりばめられていたことが問題だったのだろう。

話を道徳教育に戻せば、このようにして、戦前の日本で長く「筆頭科目」とされ、他の教科よりも重要なものと位置づけられてきた道徳教育の時間＝修身は、終わりを告げたのである。同時にこれにより、日本の学校の時間割には、道徳教育を行うための特別な時間は存在しないことになった。次章で述べるように、「道徳の時間」が設置されるのは一九五八（昭和三三）年のことであるから、およそ一三年間にわたって、少なくとも時間割の上には「道徳」が存在しない期間が続くことになる。

では、その一三年間を私たちは、道徳教育が行われなかった時期＝「道徳教育の空白期」と捉えるべきなのだろうか？

結論を先に述べれば、答は否である。実はこの時代には独自の――それまでの「修身」とも、現在の「道徳の時間」とも異なった――道徳教育が構想されていたのである。以下、順を追ってその理念、内容を確認していきたい。

二、第一次米国教育使節団の道徳教育論

一九四五年中に一連の指令によって「禁止的措置」を終えた占領軍は、年明けとともに、新しい日本の教育を設計し建設する作業に入ることになる。その嚆矢となったのが、一九四六年一月に来日した「第一次米国教育使節団」であった。使節団は、米国の教育関係者（教育学者、心理学者、教育行政職員、校長等）からなり、一月から三月にかけて日本の教育関係者からのレクチャーを受け討論し、実際に教育現場を視察するなどの活動を重

ね、三月に「報告書」という形で、日本の教育改革への提言を行い、帰国した。この報告書は教育行政のあり方から学校教育の内容、方法、さらには国字改革にまで及ぶ幅広いものだが、そこで提言された内容の多くが、その後教育改革の具体的な制度設計に取り入れられたという意味で、「戦後教育改革の青写真」と呼ばれる場合もある。

ただし、そのような受け止め方はともすれば戦後教育改革が「米国流」の教育の「国情の異なる」日本への押しつけであったといった誤解――一九五〇年代以来、主に保守層によって流布されてきた誤解だが――を招きかねないので、使節団報告書成立の経緯とその意味合いについて付言しておく。

使節団のメンバーは、すでに述べたように米国の教育に関わる民間人である。彼らは教育については識見を持っているかも知れないが、必ずしも日本についての専門家ではないし、もとより日本語ができない。そこで、使節団に対し日本の教育制度や学校の状況を解説し、現地視察の際にも案内、通訳、解説を行うために、日本側でも組織が作られた。これが「日本側教育家委員会」と呼ばれるものだが、この「委員会」が単なる案内・通訳役に止まらなかったことは、そのメンバーが、委員長を務めた南原繁（東大総長）、副委員長に文部次官経験者でもある河原春作（東京文理大学長）といった錚々たる顔ぶれだったことから推測できる。この「委員会」は使節団とテーマごとに分かれた分科会で何回も討論を重ねたという南原自身の証言が残っており(2)、加えて、当初予定されていた委員会の役割を超えて、「建議書」を（使節団報告書よりも前に）独自に作成し、それを使節団と日本政府に提出している。

この「建議書」を読めば(3)、南原の証言通り、米側の使節団報告書と日本側の委員会報告書の内容は、大筋において一致していることが分かる。

そして、両者の意見が分かれた論点の一つに、例えば国字改革についての提言があるのだが、使節団が、日本語の文字があまりに難しいことが民主主義の普及の障害になりかねないとして、漢字を全廃し、将来的にはかな文字もすべてローマ字表記にすべきであると提言したのに対し、日本側委員会はそうした改革はあまりに性急すぎると批判し、当面は漢字表記の簡略化程度に止めるべきであると主張している。その後の教育改革のなかで、どちらが実現したのかは言うまでもないだろう。

つまり、そもそも使節団報告書が米側の一方的な思惑によって作成されたというよりは、日本側委員会との共同作業を通じて生まれたものであること、使節団と日本側委員会は教育改革の向かうべき方向性については概ね一致を見ていたこと、さらに見解の分かれた点については、使節団ではなく日本側委員会の意向が現実のものとなっていったこと（その後の改革過程で、南原をはじめ日本側委員会の複数のメンバーが教育刷新審議会等に参加し、具体的な制度設計を行ったのであるから、ある意味でこれは当然である）は踏まえておくべきであるし、その意味で戦後教育改革は「米国による押しつけ」などではない、ということである。

さて、ではその使節団報告書は、道徳教育について何を述べたのだろうか。

まず、従来の「修身」に対する評価と、そもそも学校で道徳教育を行うことそのものについての見解は、以下のように書かれている。

「近年の日本の諸学校において教授される修身の課程は、従順なる公民たらしめることをその目的とした。忠義心を通して秩序を保とうとするこの努力は、周知の如く…非常に効果的であったのでやがてこの手段は不正な目的と結びついた。このため修身の課程は授業を停止されているのであるが、民主主義的制度も他の制度と同様、その真の精神に適合しかつこれを永続せしむべき一つの倫理を必要とする。そしてその特有の徳目はこれを教えることができ、従つてこれは他におけると同様学校においても教えられるべきである。[4]」

学校において道徳教育は行うことができるし、行うべきであるという認識が示されている。同時に重要なことは、この引用のなかにすでに、民主的な国家においては「道徳教育」の中身そのものが、特定の宗教や従来の慣習・伝統などに従ったものではなく、「民主主義的制度」を「永続」させるための「倫理」である、と捉えられている。以下、こうした意味での道徳を「民主主義を支える道徳」と表現する。

では、民主主義を支える道徳とは、具体的にはどのようなものなのか。

「民主主義的道徳から生れる政治的作法は、議会的な諸規則、及びこれらの規則によつて行われるいろいろの慣習の中にみられる。かような形式上の手続を経なくては、公の会合を開くことは不可能であり、従つて共通の識見をひき出して、これを共同の行動として結集せしめることも不可能である。…そこで、男女すべての児童に、その自由のめ生えを保護するような規則を、学校で教えなくてはならぬことになる。彼らは秩序ある意思伝達の技術を訓練される必要がある。この訓練をする一方法は、彼等が順番に司会する集会を開かせることである。(5)」

この引用から、民主主義を支える道徳とは、まずもって、話し合いによる合意形成を可能とするような「話し合いの規則」であり、またそうした場における「意思伝達の技術」である、と捉えることができよう。そしてそうした規則の意義を理解し、話し合いにおける意思伝達の技術を獲得するために、子どもたちが実際に話し合いを行うことが有効であると捉えられている。「彼等が順番に司会する集会」がどの程度の規模のものを想定しているかは不明だが、子どもたちが自律的に進める話し合いの場として、おそらくは、学級ごとの話し合い（ホームルーム活動）や学校全体での集会（生徒総会・児童総会）が想定されていると考えてよいだろう。こうした実践のなかで、子どもたちが自らの意見を言葉で表現し、他者の意見を聞き、合意形成を図るための技能を身につけていくこと、また、話し合いにおいて一人ひとりの意見を尊重するためのルール（暴力や威圧の排除、不規則発言への対応、発言時間の調整などが考えられる）を、その必要性を判断しながら自ら形成していくことが想定されていたのではないだろうか。

さらに、次のような記述もある。

「将来公民となつた時の準備段階として、自分たちの団体の役員を決定するのは選挙によるべきである。若しまねることが必要ならば、議会を手本にして、各校に小型議会を作るがよい。…民主主義的公民はその努力を他と共にすべきである。そしてこのことは憲法や高い理想に関する知識を必要とするばかりでなく実際の政治に進んで参加する心を必要とする。(6)」

代表、役職者の選挙による選出、そして「学校議会」の構想である。この「議会」に、何についてのどの程度の決定権があるのか、そこに教師はどう参加するのかといった具体的なことには触れられていないが、子どもの代表を中心とした意思決定機関を設置することが想定されていることは間違いないだろう。こうした自治活動が、将来の「公民」としての「実際の政治に進んで参加する心」、すなわち政治参加の意欲を育てることが意図されているわけである。

こうした意欲とともに「憲法や高い理想に関する知識」も必要であることが右の引用では触れられているが、その点についてより詳しい言及は以下のようなものである。

「…男生徒も女生徒も、自国の憲法を弁へながら生長しなくてはならない。何故なら、これこそそこで多数者による統治が行はれている制度だからである。彼等はまた他国の憲法についても多少の知識がなくてはならない。(7)」

この報告書が書かれた一九四六年初頭の段階では、まだ日本国憲法は制定されていない。したがってここでは一般論として、憲法の学習が民主主義を支える道徳教育の重要な内容になることが指摘されていると読むべきだろう。その理由は、憲法に基づいて「統治」が行われるからだ、と言う。ここには立憲主義の考え方、つまりどのような統治者も自らの恣意に基づいて統治を行うのではなく、憲法の課す制約には従わなければならないという思想が踏まえられている。同時に、「多数者による」統治、すなわち民主主義のもとでは、主権者たる国民自身が憲法を理解することがまず大前提であるという認識も含まれている。そのような主旨における憲法の学習が、自国の憲法のみに閉じるのではなく、他国のものをも学ぶ必要が指摘されているのは、望ましい統治のあり方については広く世界の様々な事例を踏まえて考えるべき、という意図だろう。

民主主義的な政治を構築する上での道徳の必要性について、報告書はさらに強調する。

「政治は立派なことであつて、恥ずべきことではない。政治的行動への無関心こそ恥ずべきである。それは悪人をして善人を支配せしめ、従つて全国民をまきぞえにすることを許すことになるからである。投票棄権は道徳的怠慢であり、如何に賢明に投票をなすかについて、進んで勉強しないのは許し難き不精である。(8)」

ここに記された「悪人」による「善人」の支配が「全国民をまきぞへに」しかねないという認識は、戦中の日本の軍国主義体制、ドイツ・イタリアのナチズム・ファシズム政権を意識したものだろう。そうした体制が二度と復活することのないよう、主権者たる国民一般が政治問題へのアンテナを高くし、学習しつつ政治に参加していくことこそが、民主主義を支える基盤としての「道徳」と捉えられているのである。

このように、民主主義的な制度・社会の実現を強く意識した道徳教育について論じた後に、使節団報告書の道徳教育論は以下のように締めくくられている。

「日本が実際民主主義的になるのなら、民主主義的な倫理が当然教えられるものと思う。我々はただそれが平和について教えられ、民主主義の方向に向けられさえすれば、その教え方は日本人に任せておいてよいのである。(9)」

日本人に任せてよいとされる「教え方」とは、具体的な道徳教育のあり方を指しているだろう。どのような教材を用い、どのような方法で行うのか、さらにはそもそも道徳を教えるための特別な時間を設けるか否か、といった事柄が意識され、それらは実際に教育にあたる日本の人びとに委ねられているのである。したがって可能性としては、ここに示されたような方向性のもとで、「民主主義を支える道徳」のための時間が特設される余地は存在していたことになる。

だが、実際に戦後教育改革のなかで道徳の時間が「特設」に至らなかったことは、使節団報告書に示された道徳教育の内容からして、不自然ではないだろう。子どもたちによる自律的な話し合いの活動は主として学級会や児童会・生徒会活動＝特別活動のなかで行われることが想定され、また、憲法の学習や政治の仕組みについての学習は、次に述べる新設科目であった社会科の中に位置づくことになった。これらとは別に、あえて「道徳」の時間を特設する必要性は少なくとも当時は認識されず、道徳教育は学校の教育活動全体のなかで、特に特別活動と社会科を軸としながら、行われることが自然であると考えられたのである。

三、コア・カリキュラムと道徳教育

使節団報告書は、道徳教育だけでなく学校教育全般に通ずるものとして、教育のあり方についても論じている。そこでは、次のような提言がなされていた。

「日本の教育制度は、…たとえ過激な国家主義、軍国主義がこの中に注入されなかったとしても、…当然改正さるべきであったろう。…それは、教授の各水準において、吸収されるべき一定量の知識があるものと断定し、生徒の能力や関心の相違を無視する傾があった。(10)」

「民主政治下の…教育制度は、個人の価値と尊厳を認めることが基になるであろう。それは各人の能力と適性に従って、教育の機会を与えるように組織されるであろう。…学校の仕事が、規定された学校課程と、各科目毎に認定されたただ一冊の教科書とに制限されていたのでは、これらの目的はとげられようがない。民主政治における教育の成功は、画一と標準化とを以てしては測られないのである。(11)」

こうした言及は、教科書に沿った、画一的な、標準化された教育方法を「伝統的教育」あるいは「旧教育」の名の下に批判した、「新教育」と呼ばれる潮流に与するものであると読むことができる。

新教育の思想・運動は、一九世紀末から二〇世紀初頭にかけて、欧米の複数の国において、同時に発生したものである。イギリスのセシル・レディに端を発する中等教育改革の運動（フランスのエドモン・ドモランによる

「ロッシュの学校」、ドイツの「田園教育舎」など)、スウェーデンのエレン・ケイによる『子どもの世紀』の出版とそこにおける「子どもの権利」の主張に基づいた学校批判、イタリアのマリア・モンテッソーリによる、子どもの自発性を尊重した幼児教育の方法（モンテッソーリ・メソッド）の開発と実践、アメリカの教育哲学者ジョン・デューイによる、子どもの経験・活動を重視した教育方法の理論化と実践などがこれに含まれる。

これらの理論・実践は、必ずしも一様のものではないし、エリート的な中等教育機関において、帝国主義的な植民地獲得と支配という政策を前提として有用な人材を育てようとしたレディ、ドモランらの教育改革論と、貧しい民衆の子どもたちの教育をより人道的で合理的なものに変革しようとしたモンテッソーリ、自由で知性的な人格を育てることで民主主義をより知的で実効的なものにしようとしたデューイとでは、そもそも教育改革に取りくむ目的も、めざす教育像も、対立を含んだ異なるものだったと思われる（モンテッソーリとデューイについては、その教育思想の一部について、第八章で検討する)。それでもなお、これらの主張が新教育という一つの言葉で括られてきたのは、それらが「伝統的教育」を共通の敵として徹底的に批判したからであろう。そこで「伝統的教育」の非難されるべき特徴と捉えられたのは、まさに使節団報告書が指摘しているような、「吸収されるべき一定量の知識がある」という前提に立ち、子どもの関心を無視し、画一的な教育課程に基づいて教科書を中心とした授業を行う、といったことである。

日本においても、これらの新教育思想が大正期に流入し、大正自由教育、または大正新教育運動と呼ばれる教育改革運動がすでに行われていた。戦後の教育改革において、伝統的教育が否定され、新教育の理念が実行に移されたのも、一つにはもちろん使節団をはじめとするアメリカの教育の影響があっただろうが、他方で戦時体制へと移行する以前の日本の教育の「良き」遺産として、大正新教育への回帰が、日本側の教育改革にあたったリベラル層によって志向されたという側面もあったのではないだろうか。

ともあれ、戦後改革期の日本の学校教育において推奨されたのは、こうした新教育の発想に基づいた教育だったのである。そして、日本の戦後新教育の中心となった教育方法・教育課程は、新設された「社会科」を中心としたコア・カリキュラムの考え方であった。

コア・カリキュラムとは、日本語にすれば「中心」（コア）となる「課程」の意である。

従来、学校の教育課程においては各教科が分立し、教科間相互の関係はあまり意識されることがなかった。各教科は、本来、子どもの関心や子どもの発想に沿って分けられたものではない。それはむしろ大人の側から、既に成立している科学の各領域における主題を軸に分けられたものである。

たとえば算数の時間に、子どもが文章題の文章そのものについて疑問や意見を持ったり、何らかの発見をしたとしても、それが授業内容として吟味や検討の素材になることはない。理科の時間に、たとえば科学と関わる社会的問題に分類される議論が沸き起こったとしても、それは「脱線」であって、本来の授業内容からの逸脱と見なされるだろう。

また、通常の学校ではこれらの教科が「時間割」によって配分されている。たとえば算数の時間の内容に子どもが大いに興味をもち、熱中して取りくんだとしても、チャイムが鳴ればそうした探求は中断されざるを得ない。そして数分後には、子どもたちは算数のことは忘れることを求められ、次の時間割である「国語」の内容に意識を向けなければならない。

こうした教科の分立と時間割による時間配当は、新教育の発想で子どもの「関心」に注目した場合には、むしろ子どもの関心を分断し、学びを阻害する要因と捉えることができる。

こうした従来の教科分立の弊害を緩和することが、コア・カリキュラムの一つの意義である。そこでは従来の分立した教科が廃止されるわけではないが、それらは「周辺課程」に位置づけられ、周辺課程での学習内容を総合するものとして「中心課程（コア科目）」が置かれる。この中心課程は、子どもの生活経験や活動を軸として構成され、周辺課程で学習した内容が実際の活動や経験のなかで活用されることがめざされる。

そして、日本の戦後改革期においてこの「コア科目」とされたのが、新教科「社会科」だったのである。

社会科は、前述のように一九四五年の指令によって停止されていた日本史・地理・修身の位置を埋めるものでもあったが、それは社会に関する知識の蓄積をめざす科目ではなく、ましていわゆる「暗記科目」などではなかった。そこでは、子どもたちの年齢に応じて適切と思われる、生活につながるものとしての社会を学習するための活動課題が「作業単元」として設定され、その活動を子どもたちが行う中で、他の教科で学習した内容をも活用し、その定着を図りつつ、子どもたちに社会の一員として必要な知識・技能・態度・心性を養っていくことがめざされたのである。

このような社会科の当初の意義、そしてその中に――修身に替わるものとして――新しい民主的な社会に参加する子どもたちの道徳の育成が主たるねらいとして含まれていたことは、次の引用にも明確に描かれている。

「…文部省がだした「小学校社会科学習指導要領補説」（一九四八）や、「小学校社会科学習指導法」（一九五〇）で、社会科の性格と実践はしだいに具体化されてきた。前者ではまず教科課程を学科分立でなく生活経験の総合的学習として、その中核に修身、地理、歴史にかわる社会科を位置づけ、…作業単元にもとづく学習活動の展開を示している。また後者では児童の身体的・知的・情緒的ならびに社会的発達による生活経験の発達の方向と指導を明らかにして、学習活動の発展の過程とおもな学習活動の形態とその指導法を示している。…戦後になって初めて教師は、地域社会にもとづいた教育課程を編成し、自主的に指導計画を作成してユニークな学習活動を展開できるようになったが、その先鞭をつけたのが社会科である。…全国いたるところ、社会科のための実態調査（地域の産業構造、家庭の職業や児童の生活実態など）が行なわれ、地域社会の生活課題にもとづいて学習目標が設定され、独自の単元構成によってさまざまな学習活動が創意くふうにとんだ教材、教具、資料を用いて展開された。……

戦後の新教育は、民主的人間の育成を中核的なねらいとしたが、そのなかで「青少年に社会生活を理解させ、その進展に力を致す態度と能力を養成する」という社会科の任務はとくに重視された。そこには地理や歴史についての知識を学ぶだけではなく、自己の尊重と他人への理解を含む道徳教育が含まれているからである。(12)」

このように、戦後改革期に構想された学校教育の全体像のなかで、コア・カリキュラムという考え方が採用され、社会科がコア科目として子どもの市民性を育てる科目と位置づけられたことが、「道徳」を教える時間が他にとりたてて設定されなかったことのもう一つの理由であると考えてよいだろう。

四、生活綴方と道徳教育

戦後改革期の道徳教育として、最後に触れておきたいのが生活綴方実践である。

生活綴方教育とは、大まかに定義すれば、子どもたちが自分の生活経験のなかから題材をみつけ、自由に書いてきた作文をもとに、そこに書かれていることを他の子どもたちとともに読み合い、議論し、学習につなげていく教育方法である。現在では「作文教育」という名前で綴方実践が行われる場合もあるが、綴方教育においては子どもの作文は学習の出発点であって、作文を書くことが目的ではない。その意味で、国語科における作文の指導とは区別されるべきものである。

大正自由教育期に小砂岡忠義が始めたのが嚆矢と言われ、同時期に日本の各地で—自由教育の雰囲気のなかで—展開されたが、特に東北地方の北方性教育運動が有名である。

戦後改革期にも、全体として新教育の風潮が広がり、かつ戦時期への反省もあって国家による教育課程・内容・方法への介入が比較的少なかったこともあり、生活綴方教育もまた復活することとなった。この時期の生活綴方教育の復活は、各地の教師が自主的に行ったものであって、何らかの統一的な理論的立場や見解がはじめから存在したわけではない（例えばそうした教師の一人であり、後述する無着成恭は、生活綴方実践を始めた際には大正期の綴方教育について何一つ知らず、ただ手探りで教育方法を模索するなかで辿り着いた方法だったと語っている）が、一部にはこうした実践を、社会科を中心としたコア・カリキュラムへの対抗実践として捉える者もあった。

たとえば、国分一太郎は、新教育を全体として「子どもたちに、生活経験をさせ、その生活経験のありのままを語らせ、それについて反省させる」教育方法とまとめた上で、次のように記している。

「アメリカから舶来した経験主義は…（新教育の…引用者）方法をほんとうに生かしたということができるだろうか。正直にいってわたくしはそういうことはできないとおもう。／というのは、…アメリカ的社会科は、日本社会の現実をありのままに見せることをさまたげている。いや好んでいないことを露出している。いったいこれは、なぜだろうか？　かんたんである。アメリカ教育の支配者たちが、いまでは、…生き生きとした社会の事物を見させると、じぶんたちの社会の現状を維持することが困難になるような考え方が出てくるのを恐怖するような人たちになってしまったからである。民衆や子どもたちが、生きた経験から学んで、こうありたい、こうしたいと考えると、考えたその事が、じぶんたちには不幸なことになるとおそれるようになったからだ。(13)」

コア・カリキュラムの社会科における子どもたちの活動課題は、ほとんどの場合、教師が用意したものである。そうした活動課題にしたがった「経験」は、大人が様々な見地から判断して、子どもにとって適当だと判断した経験になる。国分はここで、そうした経験には大人―国分によれば支配者としての「アメリカ」―が子どもに見せたくないと思うような、しかし実際には存在する、現実の問題が含まれないようになっている、と指摘しているのである。具体的にはおそらく、終戦直後の日本社会にはありふれたものであった貧困、食糧不足、飢餓、そして闇市といった問題、占領軍による支配と日本民衆のそれへの対応―反感をあらわにする者も、逆に追従する者もあったろう―といった問題を考えていたのだろう。それらは大人社会においても解決していない、複雑な葛藤を含んだ問題であり、確かに社会科における活動課題にはなりづらい。しかし、そのような現実に対して子どもたちに考えさせ、取りくませることがなければ、社会変革の道筋や動機を子どもたちが学習することにはならないだろう。逆に言えば、コア・カリキュラムの社会科は、活動課題の設定次第では、きわめて社会適応的な―社会の「きれいな」面しか知らない・見ないような―主体形成につながるおそれがある、ということになる。

他方、生活綴方はどうだろうか。続けて国分から引用する。

「こころみに、小学二年生や三年生、大きい場合には六年生や中学生のかいた綴方には、どんなものが出てくるか。その中から、学級全体の子どもたちとその指導者は、どんな日本社会の課題を、…生きた事実から、なまなましいものとしてつかみとることができただろうか。…「おかあさん」などという綴方からは、…家庭の中で、あくまでも隷属的な身の上に沈みこんで、それをあきらめている日本婦人の姿がでてきたではないか。「やさしくて、よく働くお母さん」は一人前に農事にはげみ、つかれたからだで家事をみる母親なのだ。「お前たちが早く大きくなって、うんと働いてお金をとってくれるのがたのしみだ」といつもいうおかあさんだ。…「おこるおとうさん」は「また学用品代か」「またPTAの会費か」と顔をしかめるお父さんだ。あるときは「りくつをいうな。バカッ　とどなる」家父長的なお父さんだ。「私の家の夜」という綴方にでてくるものは、「へとへとにつかれて、新聞などよむひまもなく、いろりばたにはらばってねてしまう」日本農民の非文化的な姿だし、「横座のところに座って、肩のところに大きなモグサをつけさせて、もっと熱く、もっと熱くといいながら、おかあさんに、おきゅうをすえさせます」という、明日の労働力にも枯渇しそうな、過労つづきの父親ではないか。都会の労働者の家の「夜」の室内風景にしても、この匂いは変わるまい。…「お金のはなし」になると「しかめづら」をし、「姉さんを中学校やめさして、どこかに働きにだそうか」と、ひそひそはなしあっていました」という両親ではないか。…こういう矛盾…が、いまの世の中の、さけがたい現実であることにも気づかせられる。(14)」

子どもたちが自ら書いてくる作文の中に、日本社会の未解決の課題、矛盾などが率直にあらわれてくる。国分によれば、そうした課題や矛盾について考え学ぶことこそが、よりよい社会へと社会を変革していく主体を育むことにつながっていくのである。コア・カリキュラムの社会科が社会適応的な主体を形成するとすれば、生活綴方は社会変革的な主体を形成することになる。

このように、生活現実の中に含まれる「問題」を子どもの作文を通じて発見し、そこから学習をスタートさせた実践の同時期の典型例として、ここでは無着成恭による実践を簡単に紹介したい。

無着成恭は、終戦直後に山形県山元村の新制中学である山元中学校に、初任教師として着任する。師範学校の在学期間が終戦前後の混乱期だったため、工場動員などでろくに学ぶことができず、教師としての知識や実践のノウハウをほとんど持たない状態での教師生活のスタートだったと本人が語っている。

山元村は山形県の内陸部、山深い、貧しい山村である。無着が着任し、初めて担任することになる学年が新制中学の一期生であったが、栄養状態が悪く身体の発育状況も平均を大きく下回っており、学力も低く、何より、貧困のため家業を手伝う—当時の中学生の年齢であれば、家業を担うと言うべきかも知れない—必要から、満足に通学できない子どもたちも複数いた。

着任当初、無着は日記に次のように記している。

「…ほんとうをいうと、ぼくも考査なんかどれほどしたくないかわからないのだ。

だがね、新制中学の一年生であるおまえたちが、「空腹」を「そらはら」などとよんで、「空気のはいったはらのことだ」などと書いてある答案をよんだり、八と五を足して一一だなどと答える人が、四三人中一八人もいるうちは、どうしても、どうしても、赤鉛筆をけずらなくちゃならないんだ。

みんなにおしえてから、一〇本目の赤鉛筆だがね、それももう指の先でやっと持てるぐらいにちびてしまったよ。

そして今、指を切らないように注意しながら、こんな、小学校の二年生のようなもんだいなんか早くわかってくれ、こんなもの読めないようでは、民主主義もなにもないんだ。

どうしても、どうしても必要なだけの、どこに行ってもなくてはならないだけの、

よむちから、かくちから、つづるちから、はなすちから、きくちから、かぞえるちから、そんなちからを、みんな、全部の人が持ってくれ、と祈りながら、いや泣きながら、赤鉛筆をけずっているのだよ。

ぽろぽろこぼれていく、けずりくずのひとひらひとひらに、希望をこめて。(15)」

新制中学一期生の子どもたちの学力の低さに驚き、逡巡しながらもテストを繰り返さざるを得ない新任教師の

苦悩が伝わってくる。だがそれ以上に、この無着の独白には、戦後日本の教育は民主主義を育てていくための営みであること、そのためには一人ひとりの子どもたち全員が、民主主義社会の主権者として必要な力をつけなければならず、それこそが教育の任務であることへの強い確信があらわされてもいる。

こうした葛藤のなかで、無着はやがて、子どもたちの作品とそれに対する自らの評を載せた学級文集をつくるようになる。自費で買った子どもの作文集を教室に置いておいたところ、子どもたちがそれには関心を示し、自分たちでも同じようなものを作ってみたいと言い出したのがきっかけだという。そこから、子どもたちに作文を書かせ、それを皆で読み合うという実践が定着していく。

ある時、一人の女子生徒が次のような作文を書いてきた。

「教科書代　川合ヤエノ

私が、お母さんに、「おっかあ。湯の浜へいったとき（修学旅行：引用者）、電車にのって善宝寺にいったんだ。そのときの銭一三円と、それから理科の本の銭一〇円三〇銭けろ。」といったら、／「本の銭ならいつでもくれてやるけんども、ほだえ銭いるもんだかえ。」といいながら、私に二三円と五〇銭くれた。（略）「今日あ朝っぱらから、ぜにぜにて、ヤエノとタカ子で、四〇円ばかりふっとんでしまったは。」とごしゃいたようにいっていた。／学校で、会計係に銭を渡したら、また「夏休み前に社会科の本渡したべ。あの銭、明日までもってきてくれろ。」といった。私は、「また銭か。」と、今日もらってきたばかりで明日せびらなければならないことを考えて、それからの授業がさっぱり面白くなくなった。（略）家に帰ってからも「今いうか。今いうか。なんていったらよかんべな。」などということばかり考えられて、板の間をふくにしても、みな上の空だった。／それでも、その日のうちにはいわれなくて「銭。おっかあ。社会科の本と子供銀行ンな。」と、びくびくしながらいったのは、次の日、学校にいまいまいま出かけるというまぎわだった。（略）／そしたら「またぜにか。ぜに、ぜに、ぜに、ぜにて、このがきびらだ口あくさえもすると『ぜにけろ』だ。ほだえ一丁前な身体して、よくはずかしくもないもんだ。おらだ、おまえぐらいのときは、学校さえもろくだにゆかせてもらえなくて、奉公に行ったりして、うちさ手つだったんだぜは。」「ほして、学校でも少しあ考えたらよかんべあ。なにかというと銭とることとえっそうだな（ばっかりだ）。ほれＰＴＡだ、ほれ紙代だ、ほれ教科書代だ、ほれ何だて、ほだえ銭あるもんでない。ほいに先生っちゃゆえ。おらえであ今銭なくてダメだから待っててくれろてな。」／そこまでいってからつぶやくように、「今日あ、銭みなおっつぁんにやってしまった。隣からかりるったって、ないんだよ。」といった。／（略）私は歩きながら「ほんて学校で集める銭は大きい。おっかがいうのもむりない。」と思った。「そんでも、江一や敏雄などからくらべると、おらだええ方なのだな。あいつら学校さもほだえこられないんだ。ほんで、今からますます生活が苦しくなって、教科書の銭はらえないのや、学校休むのが半分以上も出てきたら先生あなずえするるつもりだべ。」とも思ったりした。[16]」

この川合ヤエノの作文は、学級に大きな反響を惹き起こした。作文を読んだ多くの生徒から、「家でも同じ事があった」「自分も同じだ」という意見が相次いだのである。そして、「一体学用品費は年間でどのくらいの額になるのだろう」「山元村の平均的な家庭にとって、それはどの程度の負担になるのか」といった疑問が生まれてきた。

そして、これらの疑問を解くために、子どもたちは調べ学習を行った。その学習結果の報告が、次の文章である。

「今、私たちの家では金がなくて困っています。私たちが教科書の代金とか紙代とかをもらうにも、びくびくしながらもらわなければならないことが多くなりました。／私たちの学級では「自分の生活を勉強するためには小づかい帳をつけなければならない。」ということになり、去年の十一月からみんないっせいに、小づかい帳をつけるようになりました。私たちの班ではその小づかい帳を利用して、生徒一人が一年間にどのくらいの金をつかうものか、全校生徒ではいくらか、そしてそれが村の全収入の何割ぐらいにあたっているものか、しらべてみることにしました。…／表で見るとすぐわかるでしょうが、小学校の生徒は一人一年間で一八九六円つかうことになるし、中学校の生徒は二七九六円つかったことになります。そして全部で九七万一〇四〇円つかったことになるのです。／それでは、この金は村の生活のどのぐらいに当たっているのでしょう。そのことについて次に調べて見ました。(17)」

その調査の結果として、山元村の前年度の総収入が一八〇二万四一七〇円であったこと、これを一戸平均の収入に換算すると五万九四八二円となり、山元村の住民一人あたりの一年間の収入は九一八一円となることがわかる。さらに、上述の学用品費は、養蚕収入の一七・六％、木炭収入の三七・三％を占める計算になることがわかる。こうした数字を踏まえて、子どもたちが出した結論は以下のようなものであった。

「これではやっぱり教科書代をもらうにも、びくびくしなければならないことがはっきりわかりました。／…理科の時間を見てください。実験道具がなくて、ただ本を読み、こうなるんだ—という話でおわってしまいます。これでは、ほんとうにそうか、ということを私たちはのみこめず、新しいことも生みだせないのじゃないでしょうか。／自治会費だってそうだ。全部生徒の作業でまかなっているし、いや、まかなっていることはよいのだが、作業をすれば授業がつぶれてしまいます。／これでは、いくら「今の生徒は実力がない」などといっても、予算が十分でないからではないでしょうか。(18)」

「今の生徒は実力がない」というのは、この頃すでに「戦後新教育によって子どもたちの学力が低下した」という新教育批判の論調が強まっていたことを反映しているのだろう。しかし無着学級の子どもたちはここで、そうした「学力低下」は新教育のみが原因ではなく、教育への公費補助の不足の方が問題だ、と指摘しているわけである。

この学習はさらに、別の女子生徒が書いてきた作文によって新たな展開を生む。その作文は、過労から病気になり、しかし医療費を惜しんでなかなか病院に行かなかった母が、ついに倒れて入院することになったというものである。ところが学校の帰りに母の見舞いに行くと、見知らぬ祈祷師がいて母の身体に手をあて、なにやら祈祷を行っていた、というのである。この作文をきっかけに、当時村で流行していた新興宗教「おひかりさま」をどう考えたらいいのか、という学級での話し合いが行われ、子どもたちは村の大人たちに向けた「声明」を出すことになる。

「おひかりさま（村にはった文章）
おひかりさまのことが私たちの学級で問題になりました。おひかりさまにはいると肥料をいれなくとも米がとれるということはほんとうでしょうか。それがほんとうだとすれば、八貫目の炭を背負ってもおひかりさまにはいっている人は、他の人よりもかるくなるじゃないかということでみんな笑いました。／ほんとにおひかりさまはよいものでしょうか。／私たちの組で「おひかりさまに賛成できる人」といったら、だれもいませんでした。

／かぞえてみると、山元村では、三十人も入っているようです。一人で一万円以上かかるそうです。一人平均一万円かかったとしても、三十万円もおひかりさまの札をかったことになります。山元村の今年の学校予算は一四万六六二三円です。／こういうふうに比べてみて、このおひかりさまのことについては、村の人はもっと考えてみなければならないのでないでしょうか。(19)」

ここには、既存の社会における大人たちの風習や慣行の限界を超えて、より望ましい価値判断を志向する子どもたちの姿があると言えないだろうか。

もう一つ、無着の実践から生まれた子どもの作文を紹介しておきたい。横戸惣重という、山元村では比較的裕福な、庄屋の家の子どもが書いた作文である。ある朝、自分の家に同級生（ミハル）の母親が頼み事をしに来た、というところから始まる。

「私たちが大きくなったとき　　横戸惣重

朝飯を食っているとき、ミハルのおっかが「籾ひいてけらんにゃえがあ（いただけませんか）」といってきた。「晩げ食う米あっど思ってえだれば、さっぱりなえのっだずほれ。」というのだった。いちばん早く食べ終ったばんちゃんが、いろりばたに出て、

「はえずあ困ったねえ。おらえでも、小屋の板敷っさ、稲積んでえでよう。」といって、それからひとりごとのように、また誰かに相談するように、「ほんであ、板敷の濡米ばりも今日にも扱がんなねべなあ。」などといっていた。

私はご飯を食べ終ると、さっさと学校に来てしまったから、あとどんなふうに話が発展したのかわからないけ

れども、私たちが大きくなったら、部落の人が自由に使える共同作業場のようなものを建てて、籾摺機でも、粉ひき機でも、なんでも新式の機械を備えつけなければならない。

私が文章が下手なので、うまく書くことができないけれども、今朝のミハルのおっかのように、いろりばたに頭をすりつけるようにしてたのむなどということは悪いことだと思う。私の家には財産があり、機械があるというだけで、頭を下げられたり、たのまれたりするのだ。ところが共同作業場のようなものを建てれば、誰にも頭を下げる必要がなくて、愉快に仕事ができるにちがいない。

（中略…自分たちの村では古くからの権力者同士の対立があり、共同作業場ができないということを長く書いている：引用者）

とにかく、私たちが大きくなったときだ。私たちが大きくなったそのときこそ、昔の、うまくない話を水に流して、日本の農村が発展することを考えるのだ。(20)」

これらの作文にあらわれているのは、間違いなく、子どもたちが生活綴方実践を通して身につけた道徳である。しかしそれは、大人たちが従来「道徳」と思ってきたものをそのまま受容したものでは全くない。自分たちで問題を見つめ、協力して調査し（調べ、聴き取り、計算し）、議論し、どうしたらよいかを考えるなかで培われた、新しい道徳である。そこでは従来の大人たちの「神だのみ」の姿勢や迷信にも縋る態度、村に存在する権力の偏重と格差といったものが、相対化され、乗り越えるべき課題として捉えられている。

そのような道徳を、子どもたち自身が自らみつけた問題を見つめる活動のなかで育んでいくこと、それこそが戦後教育改革期に目指された「民主主義を支える」道徳教育だったと言ってよいだろう。

先に綴方教育からのコア・カリキュラムへの批判を取り上げたが、そこでの批判は「社会変革を望まない大人が与えた課題」に即した社会科への批判であって、現実に存在する諸問題をより率直に見つめた課題設定がなされるならば、コア・カリキュラムの発想もこうした民主主義を支える道徳教育にとって有効なものでありうると筆者は捉えている。

いずれにしても、戦後改革期の道徳教育論と道徳教育実践には、今日なお色褪せない、私たちが参考にすべき「原点」が埋まっていると言えるのではないだろうか。

注

（1）「修身、日本歴史及ビ地理停止ニ関スル件」、浪本勝年他編『史料　道徳教育の研究』北樹出版、一九八二年、一〇一ページ。

（2）吉村達二『教育山脈　日本の教育激動の一〇〇年』学陽書房、一九七四年に詳しい。

（3）伊ヶ崎暁生他編『戦後教育の原典　2　米国教育使節団報告書』現代史出版会、一九七五年に収録されている。

（4）同前書、八四ページ。傍点は引用者による。

（5）同前。

（6）同前、八五ページ。

（7）同前。

（8）同前。

（9）同前、八六ページ。

（10）同前、八〇ページ。

(11)同前、八一ページ。
(12)間瀬正次『戦後日本道徳教育実践史』明治図書、一九八二年。
(13)国分一太郎『生活綴方とともにⅡ』新評論、一九八三年。
(14)同前。
(15)佐野眞一『遠い「山びこ」無着成恭と教え子たちの四〇年』文藝春秋社、一九九二年。
(16)川合ヤエノ「教科書代」、無着成恭編『山びこ学校』岩波文庫版、一九九五年、一三七ページ。
(17)第一班報告「学校はどのくらい金がかかるものか」、同前書、一六〇ページ。
(18)同前。
(19)長橋カツエ、前田秋子「おひかり様」、同前書、一一九ページ。
(20)横戸惣重「私たちが大きくなったとき」、同前書、二一三ページ。

第三章　「逆コース」政策と「道徳の時間」の設置

一、「逆コース」＝戦後教育政策の大転換

終戦直後に、占領軍と日本政府によって行われた「民主主義」をめざす大改革は、その後短い年数の間に、皮肉なことにその改革を主導した占領軍と政府自身によって、裏切られることになる。少々遠回りに思えるかも知れないが、道徳教育の歴史にとってもこのことは極めて重要な背景要因をなすこととなるので、まず「逆コース」と呼ばれる政策への路線転換について、大略を述べておきたい。

民主主義改革への「裏切り」は、まずは米国の対日政策の転換としてあらわれる。

一九四八（昭和二三）年、東アジアに一つの新しい国が誕生する。朝鮮民主主義人民共和国、北朝鮮である。続く四九（昭和二四）年には、もう一つの新しい─きわめて大きな─国が誕生する。中華人民共和国である。朝鮮半島と中国大陸は、言うまでもなくそれまでは軍国主義日本による侵略によって、一方は植民地とされ、他方は統一した政府を樹立できない混乱状態にあった。日本の敗退により、それらの地域で人びとが自らの国家を樹立することが可能となったわけであるが、そこに成立した二つの国はいずれも社会主義国であった。

米ソの関係が緊張をはらみ、東西冷戦の開始がすでに見通されていた状況下で、東アジアが社会主義化してい

くことをもっとも激しく嫌ったのが米国であったことは言うまでもない。米国はこの事態に対し、直接に軍事的な介入をもって社会主義化のそれ以上の進行を止めようとした。これが一九五〇（昭和二五）年の朝鮮戦争である。

朝鮮戦争に参戦した米軍とは、とりもなおさず、日本に駐留していた占領軍である。当時福岡県の板付にあった米軍基地などから、朝鮮半島へと米軍の出撃が続き、負傷兵なども板付に連れてこられ、そこで手当を受けた—板付の郵便局が米軍に接収され野戦病院とされた—と言う。(1) 日本の海上保安庁も機雷掃海等に動員され、戦死者を出していることは、近年の「安全保障関連法案」の審議過程でも話題となった。つまり、米国はこの時すでに日本を軍事力の一部として動員しているのであり、朝鮮戦争は日本にとって「他国の戦争」ではなかった、ということである。

こうした状況下で、米国は日本を「民主主義の実験国」とするというそれまでの路線を一九四〇年代終盤には放棄し、これに替えて日本を「極東における防共の防波堤」と位置づけるようになる。「防共の防波堤」とは、すなわち、共産主義・社会主義の拡大を防ぐための軍事的な拠点、という意味に他ならない。

ここから、米国による日本の「再軍備」への要求が、直接的につきつけられるようになる。朝鮮戦争開始の同年にはさっそく「警察予備隊」が組織され、翌年からはそこに公職追放を受けていた旧日本軍人の復帰が認められる。この警察予備隊がその後名称変更を経て、一九五四（昭和二九）年の自衛隊設立となるのである。

こうした米国の対日政策の変更に、日本の保守政府も追随—あるいは歓迎—していく。自由党吉田茂内閣は米国およびその意向を受け入れた西側諸国だけを相手とする「片面講和」条約としてのサンフランシスコ講和条約を、国内に中ソを含めた「全面講和」追求への世論があったにも関わらず推進し（ソビエトは署名を拒否し、中国は講和会議に招かれさえしなかった）、同時に日米安全保障条約を締結することで米軍が占領を終えても日本に留まり続ける道を開いた。吉田個人には、こうした路線により日本が軽武装による専守防衛路線を貫けるとする判断があったとも言われるが、東西対立の一方の側に、軍事的意味を伴って、日本が位置づくことになったことは間違いない。

こうした日本政府の態度は、教育にも直接的に大きく関わってくることとなる。一九五三（昭和二八）年に行われた日米外務次官級会談（池田・ロバートソン会談）では、日本側代表であり後に首相となる池田勇人が、米国からの再軍備要求にすぐには答えられない日本の事情をいくつか挙げているが、その中に、戦後の平和教育が徹底していたために兵役適齢者の中に「戦争は絶対にいけない」という意識が根づいていることを挙げている。そして「日本人が一般に、自分の国は自分が守るという基本観念を徐々に持つように、日本政府は啓もうしてゆく」ことを約束している。(2) 再軍備を行わないのではなく、行えるようにするために政府が国民を啓蒙＝教育していく、ということである。

この池田の発言よりも以前から、こうした意図をもったものと推察される教育政策、あるいは教育への政治的介入は始まっていた。まだ占領中だった一九四九（昭和二四）年には早くもGHQの示唆を受けたとされる政府の閣議決定によって公職からのレッド・パージ（社会主義者らの追放）が実施され、全国の公立学校教員だけで一二〇〇名が職を追われていた。一九五一（昭和二六）年には政令諮問委員会が「教育制度の改革に関する答申」を発表するが、そこでは国家が「標準教科書」を作成すること、戦後改革期に始まった教育委員の公選制を廃止し、文部省の下に教育行政に関する「単一最高の審議機関」を設置すること、などが提言された。

こうした一連の政策と、その背景にある政府の意図に対し、一九五一（昭和二六）年に日本教職員組合（日教組）は「教え子を再び戦場に送るな」という全国統一スローガンを採択する。当時、日教組は管理職を含む教員の八割以上が加入する職員団体であり、現存する他の職員団体は（保守系・革新系とも）まだ存在していなかった。その意味で、この時期の日教組はほぼ、日本の教師たちの意向を代表する唯一の組織だったと捉えてよいだろう。またこの統一スローガンは、わずか数年前に実際に「教え子を戦場に送」ってしまった―それもただ送り出したのではなく、日本は神の国であり、国のために戦場で戦い散るのは名誉なことだと教えて積極的に送り出した―教師たちにとって、その痛恨の失敗を二度と繰り返してはならないという、きわめて重い意味をもつスローガンであったろう。

こうして、教育現場の教師たちの声と、教育政策とが真正面から対立し合うという状況が生み出されたわけである。それはまず、（米国の政策転換に追随した）政府の方針転換から起きたことである。また、それは本来「戦争と教育」の問題をめぐる対立であったとも言える。教育が戦争に荷担しうるという、当時は直近の経験からきわめてリアルに捉えられていた事実を踏まえて、そのような荷担を再び―再軍備の支持というかたちで―行うのか、行わないのかという対立であった。

もう一つだけ付言しておきたいのは、この時に生まれた政府の路線と現場の教師たちの対立が、政府の側からの学校現場への様々な干渉・介入・強制を生み、その弊害は現在でも大いに続いている、ということである。一九五〇年代には、保守系政党と政府による「偏向教育キャンペーン」とも言うべき動きが起きている。個別の学校で行われた実践や扱われた教材が「偏っている」と指弾し、それらを取り上げることで「政治的に偏った教育が全国的に行われている」という印象を作り出し、それを理由として政府による現場への介入や教育活動の規制、教科書検定への介入などを正当化しようとするものである。

「偏向教育」として指弾された典型例として、例えば京都の旭丘中学事件（一九五四年～）があるが、元をただせばこれは同中学校の生徒会が「私たちは日本の再軍備に反対します」というアピールを出したことから、その指導を行った生徒会担当の三名の教師が強制異動させられたことに端を発するものである。

このような「偏向」教育への攻撃は、結果的に、教師の政治的活動に対する法的制約の強化（教育公務員特例法の改定と、いわゆる「中立確保法」の制定＝一九五四（昭和二九）年）につながっていくが、「偏った政治教育」が問題視され法規制が強化されたことによって、日本の教師たちにとって、授業で政治を語ることそのものがタブーになっていったのではないだろうか。このように「政治」に関することを語ること自体が「危険」なこととして忌避（あるいは「自粛」）されるようになっていけば、前章で述べたような「民主主義を支える道徳」を育てる実践などは、きわめて行いにくいものになるだろう。「若者の政治離れ」「政治的無関心」が久しく嘆かれているが、筆者はその要因の一つに、この数十年間学校があまりに「政治」を避け続けてきたことがあり、無関心というよりも、関心をもつために必要な知識すら提供されていないことに問題があると捉えている。

ともあれ、こうした「逆コース」の文脈のなかで頭をもたげてくるのが、道徳教育の「強化」あるいは「復活」論である。

二、「修身」復活論

前章で詳しく論じたように、戦後改革期にも、取り立てての時間の特設はなされなかったものの、道徳教育は積極的に推進され行われていたのであるから、五〇年代になって道徳教育の「復活」が言われたのは、戦後改革期に行われていたような実践を無視するか、あるいはそれらを道徳教育とは認めない立場からのものであると言ってよいだろう。そのような意味での道徳教育論は、政府とその周辺に端を発するものであった。

皮切りとなったのは、一九五〇年、「学者文相」として吉田内閣の文部大臣となった哲学者の天野貞祐が、一一月に全国都道府県教育長協議会の席上で「教育の基礎として皆が心から守れるものとして修身を教育要領といった形でつくりたい」と発言し(3)、これが文部大臣による修身復活の方針と受け止められたことである。天野はその前月には、記者会見において「祝日には国旗を掲揚し国歌を斉唱することが望ましい」という発言も行っており(4)、カント哲学者でありオールド・リベラリストと目された天野に、リベラルな教育政策の推進を期待していた向きからは失望をかったという。

だが天野をはじめとして、戦前育ちのいわゆる「オールド・リベラリスト」たちは、戦時における軍部の突出と戦争政策には反対であったにしても、天皇制そのものには懐疑的であるどころか、その積極的支持者であることが多く、天野の場合にも、戦前の「良き部分」として、天皇といういわば絶対的な道徳基準を絆とした「日本人」の結びつきを、良きものと捉えるイメージがあったのではないかと考えられる。しかし自らのそうした発言が、「逆コース」政策を背景とした政治的な文脈のなかでどのような意味や機能を果たすことになるのかについての自覚には乏しかったと言わざるを得ないのではないだろうか。

なお、天野は前述した「修身」の「教育要領」を、文相退任後の一九五一年に『国民実践要領』という題で（カントにおいて道徳は「実践理性」という言葉で語られる）執筆し、私的著作として出版している。そこには次のように書かれている。

「わが国は今や講和の締結によって、ふたたび独立国家たる資格を得、自主的な再建の道を歩み始むべき時期に際会した。しかるに国家独立の根源は国民における自主独立の精神にあり、その自主独立の精神は、国民のよって立つべき道義の確立をまって初めて発現する。(5)」

ここでは明確に、個人の道徳を育てることが国家との関係で語られている。国民における「道義」の確立が「国家独立の根源」とされており、ここには第一章で論じた教育勅語の主旨に通ずる発想があると言えるだろう。

また、天野は次のようにも述べている。

「われわれの国家も、自国だけの利害にとらわれることなく、公明正大なる精神に生きなければならない。それによって国家は、他の何ものにも依存しない独立の精神と気はくをもって、新しい建設の道を進み、世界の文化に寄与しうる価値をもった独自の文化の形成に向うことができる。また同時に、他の諸国家との和協への道を開き、世界の平和に貢献することができる。／われわれのひとりびとりもわれわれの国家もともに…無私公明の精神に生きるとき、われわれが国家のためにつくすことは、世界人類のためにつくすこととな（る)。(6)」

国民と国家がともに「無私公明」である時、日本国民は国家に尽くすことを通じて「世界人類のためにつくす」ことができる、とされている。論理的にはそのようなことはあり得るかも知れないが、国家が「無私公明」であること（天野はこれを規範的要請—そうあるべきだ、という論—として書いているに過ぎない）を前提にしてしまうことは、アジアへの侵略戦争を解放戦争と美化しつつ国民を煽動した過去を考えれば、きわめて危険であろう。国民はむしろ、自らの国家が本当に「無私公明」であるのかどうかを常に疑い、監視し、問題点を批判的に指摘していく必要がある、というのが民主主義の大前提であると考えるが、天野にはそのような視点はないようである。

そして『国民実践要領』のなかで、天野は日本国民が学ぶべき「徳目表」を掲げ、「個人」「家」「社会」「国家」という四つの次元において学ばれるべき「徳目」を列挙している。最高次の次元である「国家」に関する徳目には、「愛国心」そして「天皇」が（「人類の平和と文化」とともに）挙げられているのである。

文部大臣によるこのような道徳教育に関する提言が、当時「修身復活」論と受け取られたことは不自然なことではないだろう。そしてこうした指向性をもった発言は天野個人に限られたものではなく、天野に続く文部大臣によって次々と─時により露骨に─繰り返されていくのである。

天野の次に文相となった岡野清豪は教育課程審議会に「社会科の改善、特に地理、歴史、道徳教育について」諮問し、道徳教育の内容として「公共への奉仕」を引きだしている。次に文相となったのは、戦時下に東京都の長官として学童集団疎開政策を─「学童の戦闘配置」として─実行した大達茂雄だが、大達は先述した教員の政治的活動の制限、政治に関する教育への恫喝となる「中立確保法」制定を実行した。

さらに露骨な例として、一九五五（昭和三〇）年から文相を務めた清瀬一郎の国会での発言を挙げよう。これは、当時教育基本法の改正を検討する「臨時教育制度審議会」の設置をめぐり、設置法案の審議過程で担当大臣として行った答弁である。

「今の教育の根本はどこかといえば、…教育基本法でございます。教育基本法には道徳の規準として八つのことを掲げておるんです。…これには異存がないんです。（しかし）日本人としてみると、これだけでは一体、わが日本国に対する忠誠というのはどこに入っておるのだ。(7)」

「ここ（教育基本法：引用者）に書いてある責任を重んずるとか、正義を愛するとかいうことはよろしいのです。これを非難すべきじゃありませんが、第一の道徳律として入るべきものが欠けている。国を愛せということがない。(8)」

教育基本法が「道徳の規準」を規定しているという認識自体が議論の余地のあるものであるが（当時の教育基本法に「道徳の規準」と明記されている部分は存在せず、清瀬がそのように理解しているということに過ぎない)、清瀬が挙げているのは「人格の完成」「平和国家の形成」「真理」「正義」「個人の価値」「勤労」「責任」「自主精神を養うこと」の八つである。これらはいずれも、道徳的価値としては普遍主義的なもの（日本あるいは日本人に特殊なものではなく、世界のどこででも主張されうるという意味において）と捉えることができるのだが、清瀬はここに「日本国に対する忠誠」あるいは「愛国心」という、きわめて特殊な「道徳」を挿入することを主張しているわけである。

このように見るならば、一九五八（昭和三三）年の学習指導要領改訂による「道徳の時間」の特設に先立って、その原動力となった保守系政治家の発言には、明らかに国家主義的な道徳の復活、すなわち「修身」復活への要請があったと言うことができるだろう。

三、文部省の抵抗と追従

だが、実際にはこのような保守系政治家の意向がそのまま直接的に「道徳の時間」に盛り込まれたわけではなかった。戦後改革期の教育理念との連続性を（どの程度主体的にかは測りかねるが）意識した文部省、および文部省関連の審議会に集められた委員らの中には、「道徳の時間」を特設することが「修身」の復活に結び着きかねないことへの危惧や、国家の意向を呈する道徳教育の実施への躊躇が存在していたようである。

例えば、天野による諮問を受けた教育課程審議会は、一九五一（昭和二六）年の「道徳教育振興に関する答申」の中で、次のように述べている。

「終戦後、わが国の教育は民主主義を中心とするものに改められ、この中において、民主的社会における道徳教育が強調されている。この新しい教育の正しい実施によって、児童、生徒に自主的学習、自制、協力、寛容その他、民主的社会人として望ましい態度、習慣が芽生えつつあることを見逃してはならない。(9)」

つまり、戦後改革期の道徳教育（前章参照）の理念は否定されておらず、なおかつそうした教育は一定の成果を挙げている、と言うのである。

そして一方で、「しかしながらわれわれには、これをもって今日の児童・生徒に対する道徳教育がじゅうぶんであるとは考えられない。…終戦後の成人の社会から好ましくない影響もあって、一部の児童・生徒の間には、著しい道徳の低下が現れていることを遺憾ながら事実として認めざるを得ない(10)」としながらも、道徳教育のための取り立てての時間の特設については、次のようにきっぱりと否定している。

「道徳教育振興の方法として、道徳教育を主体とする教科あるいは科目を設けることは望ましくない。道徳教育の方法は、児童、生徒に一定の教説を上から与えていくやり方よりは、むしろそれを児童、生徒にみずから与えさせ実践の過程において体得させていくやり方をとるべきである。道徳教育を主体とする教科あるいは科目は、ややもすれば過去の修身科に類似したものになりがちであるのみならず、過去の教育の弊に陥る糸口ともなる恐れがある。(11)」

同年に文部省は、「現状では道徳教育が充分ではない」という教課審答申を受けて「道徳教育のための手引書要綱」を発表する。この「手引書」自体が、天野の発言などもあって、「修身」復活を警戒する立場からは強く批判され警戒されたものだが、実際にはその内容は統制的なものではなく、かつ、道徳の時間の特設を否定し、戦後改革期の道徳教育の構想と方法を基本的には支持するものであった。そのことは以下に続けて引用するような表現から読みとることができる。

「今日道徳教育の振興ということがしきりに要望されているが、教育にたずさわる者が、そのために最善の努力を傾けるべきことはいうまでもない。しかしその際には各教師が、過去の道徳教育との本質的な差異を明確に認識し、確信をもって指導にたずさわることがとくに望まれる。(12)」

「これまでわが国において、長く道徳教育の責にあたってきた修身科の教育は、その内容とするところが、封建的な考えかたにもとづいていて、超国家主義を推し進めたというばかりでなく、指導の方法そのものにおいても、また大きな過誤をおかしていた。(13)」

「今日における道徳教育は、その目的とし内容とするものを民主主義的なものにしなくてはならないことはいうまでもないが、さらにその指導の方法をとくに慎重に検討し、ふたたび過去の弊をくりかえさないようにすることが必要である。新しい教育理念は、新しい指導の方法を要求する。児童生徒の生活経験を尊重し、かれらの直面する現実的な問題の解決を通じて、道徳的な理解や態度を養おうとする指導法は、このような考慮にもとづいてとりあげられたものといってよい。(14)」

以上の引用からは、「手引書」を発行した文部省の立場として、過去の修身が犯した過ちを率直に認め、それを復活させてはならないというものであったこと、また戦後改革期に始められた新しい道徳教育＝民主主義を支える道徳の教育が、内容・方法ともに正当に評価されていることが確認できる。

ではなぜ「手引書」を出すのか。「手引書」自体の性格については、次のように述べられている。

「新しい教育は、なお実施の面においてじゅうぶんに徹底していないうらみがあり、そのことによって生ずる種々の事態が、多くの批判を招く原因となっているように思われる。このことの解決は、結局教師自身の努力にまつほかはないのであるが、教育にたずさわる者はもちろん、教育に関心をよせる人のすべてが、協力し心をつくしてその努力を助けることが必要である。この手引書もまた、その意味において、教師のための若干の手がかりを提供しようというものである。(15)」

この「教師のための若干の手がかり」という控え目な表現は、一九四七（昭和二二）年につくられた初の学習指導要領がその標題に「試案」の文字を付し、指導要領は一つの「モデル」に過ぎず、教師の自由な創意工夫を規制する意味のものではないと明確に書いていたことを彷彿とさせる。教育の内容・方法について文部省が示す文書は、個々の教師や教育実践を規制する意図ではなく、あくまで一つの参考モデルとして示すものに過ぎない、という主旨である。

さらに「手引書」が示す具体論を見ても、この時点では少なくとも、戦後改革期の道徳教育構想を否定するのではなく、それらをさらに実効的に推進するために、経験主義的な実践のなかで子どもたちの道徳的習慣、心情、判断を—知的学習とも結びつけながら—育てていくことが論じられているのである。

こうした文部省と関係審議会の姿勢はしかし、一九五五（昭和三〇）年の保守合同を挟んで勢力を増しつつ連続してかけられた、政治からの「修身」復活要望の圧力に、抵抗しきることはできなかった。教課審は五八年三月の答申で、指導要領の改訂に向けて、道徳教育は「学校教育の全体を通じて行う」という従来の姿勢を「維持」しながらも、「その徹底を期するため」として道徳の時間の特設を提言するに至る。(16)これを受け、同年八月、文部省は「学校教育法施行規則の一部を改正する省令」（文部省令第二五号）を出し、小中学校の全学年、週一時間の「道徳の時間」が設置されることとなったのである。

省令改正を受け、同年九月一日から「道徳の時間」が実施されることとなり、そのための学習指導要領の告示は一か月遅れの一〇月一日となった。戦後初の「道徳」の指導要領には、一方でその目標に「民主的な国家・社会の成員として必要な道徳的態度と実践的意欲を高めるように導く」と書かれるなど、従来の道徳教育論と整合的な部分もあるが、他方で内容には小学校から「日本人としての自覚をもって国を愛」することが書かれるなど、保守政治の要望に応えた部分もあった。

何より、この時の学習指導要領は全体として見れば、前述した四七年指導要領には存在した「試案」の文字が消され、替わりに「告示」であることが標題に書き込まれたものである。つまり、学習指導要領自体が「モデル」ではなく「法令の一部」とされ、法的拘束力を持つものとされた。学年・教科ごとの指導時間数の明示もこの時から始まり、学校行事に際して「日の丸を掲げ君が代を斉唱する」ことが書かれたのもこの時からである。つまり全体として学習指導要領が拘束力を強め、個々の学校・教師を拘束するものとして立ち現れたのであるが、その時に同時に、「道徳」の時間を設けて道徳教育を行うことが強制されたことになる。

また道徳教育のあり方として、前述のように一部には戦後改革期の理念を受け継ぐような表記も見て取れるものの、やはり全体としては指導要領が道徳の時間の指導内容を列挙する形になっており、国が推奨する―愛国心を含む―「徳目」を教えるものとなっている。それはわずか七年前に、教課審自身が否定し戒めた「一定の教説を上から与えていくやり方」に他ならないだろう。

一九五〇年代に行われた「道徳の時間」の特設をめぐる政策動向の検討から、やや先走るようであるが、今日の「道徳の教科化」にも通ずる問題点が見えてくるように思う。一方には戦前・戦中の「修身」の復活を目論む保守系政治家の動向があり（第五章参照）、政府・内閣は強力にこれを推進しようとする。これに対し教育行政＝

文部官僚や審議会メンバーの中には、必ずしもそうした動きをよしとしない勢力もまたあり、しかし行政は内閣の政治的決定に最終的には抵抗しきれない。結果として、当初はこのような政府（保守政治家）と行政（官僚）のいわば妥協の産物として、保守政治家の側から見れば（おそらく）微温的で生ぬるく思えるであろう政策が実行されることになる。これは、後述するが、現在で言えば道徳の教科化の推進力となってきた保守系政治家が「理想」とするところと、「教科」としての初の学習指導要領（二〇一五年三月）の内容との間に一定の距離が見られることに酷似している。

重要なことは、五〇年代の「道徳の時間」特設にせよ、今回の「教科化」にせよ、当初の具体案は私たち国民・市民の感覚からそうかけ離れていないものであっても、「道徳教育に国家が介入する道を広げた」という意味ではやはり重大な問題を含む改革なのではないか、という点である。五〇年代には、「道徳の時間」の特設によって、国家が、学校で行われるべき道徳教育の内容を「学習指導要領」を通じて規定する道が開かれた。現在は「教科化」によって、使用義務を伴う教材―検定教科書―が、戦後初めて道徳教育の場に持ち込まれることになる。そうした「道」を通ってやってくるものは、当初は官僚の抵抗もあり、国民世論への配慮もあり、それほど「異常な」ものではないかも知れない。だからこそ、教師を含む一般市民は「その程度のものならば」と受け入れ、慣れていくかも知れない。しかし、その「道」を通ってやってくるものがいつまでも「常識的」なものとも、民主主義や人権を前提としたものとも限らないのである。あからさまに危険なものがやってこようという段になって道を塞ごうとしても、それは極めて難しいのではないか、ということを危惧すべきなのではないだろうか。

四、教師・教育学者の抵抗

話を一九五〇年代に戻そう。

前節までで述べてきたような政治的動向のなかで「道徳の時間」は生まれたわけだが、では当時の教師や教育学者たちはそれをどのように受け止めたのだろうか。

日本教育学会（教育政策特別委員会）は、「道徳の時間」特設が確定する前の一九五七年に「道徳教育に関する問題点」とする長文の問題提起を行っている。(17) そこでは、そもそも「道徳」そのものについての認識において、広く共有される認識が未だ確立していないことを前提として踏まえつつ、特定の時間を設けて道徳教育を行うという「方法」が、既に確立し、正しいものとして子どもに教えることのできる道徳が存在するという立場を予見させるものであり、それは必然的に道徳教育の「内容」を規定するものになるとして、(特設という)「方法」の議論に先立って、まず道徳そのもの・道徳教育の理念についてきちんとした科学的解明を行うべきであるという問題提起になっている。

日教組は、五八年八月に「時間特設・独立教科による「道徳」教育について」と題する文章を発表している。(18) これは、本章第一節および第二節で触れたような、「逆コース」という文脈と、その中での歴代文相の発言などに言及した上で、特設によって行われる「道徳の時間」の教育は、現場の教師の道徳教育における努力を無視した、上からの「官製道徳」であるとして強くこれを拒否している。

つまり、「道徳の時間」の特設は、すでに述べた政治的経緯からも当然と思われるが、現場の教師や教育研究者たちによっては、当初、基本的に疑問視されていたと言ってよいだろう。本節ではそうした「特設反対論」の全てを検討することはできないが、それらのなかで、ある意味で最も根本的な道徳教育批判として、学校での道徳教育をそもそも否定的にとらえる議論を検討しておきたい。

たとえば教育行政学の宗像誠也は、次のような文章を残している。

「私は、子どもの価値観を、文部省という役所に、告示でどうでもお決め下さいと、おまかせする約束をしたおぼえはない…。…『道徳』の（指導要領の：引用者）告示は、もしも、当局がそうしたいらしい如く、拘束力をもつのだということになれば、憲法違反である。(19)」

宗像はここでは子をもつ親の立場として、「思想・良心の自由」をうたった憲法第一九条を根拠に、学習指導要領が拘束力をもつものとして道徳の指導内容を定めるとすれば、それは憲法違反であると断じる。確かにこれは、道徳教育が特定の価値観を育てるものであるという前提に立つならば、説得力のある議論である。そして前述のように、道徳の指導要領は指導内容を列挙する徳目主義的なものであったから、その限り、宗像によるこの批判は当たっていると言えるだろう。

続いて、戦後教育学を代表する論者である堀尾輝久は、宗像の議論をさらに発展させ、学校教育の役割を「知育」に限定すべきであることを明確に主張する。

「公教育は、人間教育のすべてを引き受けることはできない。それは「良心の権利」に反し、親の自然権を侵すことになる。…教育（徳育）と知育が区別され、公教育は…知育に限定される。(20)」

しかし、現代の時点から振り返った時、このような「知育限定論」は果たして妥当なものだろうか。

第一に、宗像が学校における道徳教育を拒否したのは、それが子どもに特定の価値観を押しつけることを前提としてのことである。戦前・戦時中の「修身」は確かにそのような道徳教育だったわけだが（そして、後に述べるように現在もそのような道徳教育を行わせようとする力ははたらいているのだが）、全ての道徳教育が必然的にそのようなものとなる、と考える根拠は明らかでない。五八年の指導要領への反対論として、あるいはそこから敷衍して道徳の「特設」により指導要領を通じて国が道徳教育の内容を規定することへの反対論としては正しくとも、これが道徳教育一般を否定する論拠にはならないのではないか。

第二に、堀尾はさきの引用に続く部分で、学校教育から排除された教育の部分＝徳育について、それは「私的（家庭的）問題である」としている。それは、徳育を「親の自然権」と考え学校から排除することから必然的に導かれる結論であるように思われる。だが、子どもの良心や価値観を育み人格形成につながるような「徳育」を全て家庭の問題・親の権利であるとしてしまうことには、筆者は強い疑いをもつ。

一つには、例えば特定の信仰を親が子に強要する場合など、親による子どもの「良心の自由」の侵害は十分にあり得ることであるし、二つには、個人の価値観や良心の形成といった事柄は明らかに、将来の社会全体がどのようなものになるかと結びついた重要な事柄である一方で、個々の家庭・親にそうした教育に時間や配慮を用いる条件や力量が同等には保障されていないからである。貧困や長時間労働（ダブルワーク・トリプルワーク）にあえぐ今日の日本の親たちに「道徳教育は家庭の役割」と言って放置することは正しいだろうか。

そして第三に、宗像も堀尾も重要視していたはずの教育基本法（一九四七年法）は、教育の目的として「個人の人格の完成」を掲げていた（第一条）。人格全体の成長が、ただ知識の獲得のみによってなしとげられると考える者は少ないだろう。同法は学校教育についてのみ定めたものではないから、「人格の完成」のうち価値観や良心に関わる部分は学校の役割ではない、という解釈は論理的には可能である。しかしこの法の下で、戦後改革期には民主主義を支える道徳の教育が学校の仕事として行われてきたのであるし、そうした教育に日々取り組んできた教師たちは、何より子どもたちの人格的成長を課題とし、そうした成長を喜ぶような実践を展開していたのではないだろうか。だとすればそこでは、国が推奨する道徳教育には反対するとしても、それとは異なる道徳教育が行われていたはずであるし、それを仮に「道徳」と呼ばずとも、教師たちは道徳教育を欲し、実践していたのである。

国による「道徳の時間」の強行的な設置に抗するという意図は汲むとしても、これら「知育限定論」には、学校が行う「道徳教育」の可能性を考慮せず、その一切を否定してしまうという問題性があったように思う。そこで必要だったことは、道徳教育そのものを学校から排除することではなく、「価値観の押しつけ」ではない、民主主義社会に相応しい道徳教育のあり方や内容を――戦後改革期の道徳教育を出発点として――模索することだったのではないだろうか。

本節で、数ある特設反対論の中からあえて「知育限定論」を取り上げて論じたのは、一つにはそれが学校道徳教育に対するもっとも根本的な批判であり、個人の内心の自由を侵してはならないという常に意識すべき原則を指摘しているからである。だが他方で、それが学校での道徳教育を全面的に否定し拒否するものであるとすれば、それは公的な――均等な機会が保障された――教育において民主主義社会の担い手を育てるという理念からすれば受け容れがたいのではないか、ということを論ずるためである。

注

（1）田中伸尚『憲法九条の戦後史』岩波新書、二〇〇五年、一四ページ。
（2）「池田・ロバートソン会談覚書」、浪本勝年他編『史料 道徳教育の研究』北樹出版、一九八二年、一二五ページ。
（3）間瀬正次『戦後日本道徳教育実践史』明治図書、一九八二年、三四ページ。
（4）同前。
（5）天野貞祐「国民実践要領」、浪本他編前掲書、一一五ページ。
（6）同前。
（7）一九五六年二月二二日、衆議院内閣・文教委員会連合審議での清瀬一郎文部大臣の答弁。
（8）一九五六年二月一〇日、衆議院予算委員会での清瀬一郎文部大臣の答弁。
（9）教育課程審議会「道徳教育振興に関する答申」、浪本他編前掲書、一一〇ページ。
（10）同前。
（11）同前。
（12）文部省「道徳教育のための手引書要綱」、浪本他編前掲書、一一二ページ。
（13）同前。
（14）同前。
（15）同前。
（16）教育課程審議会「小学校・中学校教育課程の改善について」、浪本他前掲書、一三六ページ。
（17）日本教育学会「道徳教育に関する問題点（草案）」、浪本他前掲書、一二八ページ。
（18）日本教職員組合「時間特設・独立教科による「道徳」教育について」、浪本他前掲書、一四〇ページ。

(19) 宗像誠也『宗像誠也教育学著作集3』、青木書店、一九七二年。
(20) 堀尾輝久『現代教育の思想と構造』、岩波書店、一九七一年。

第四章　モラルパニックと道徳教育

一、はじめに

前章で見たように、一九五八（昭和三三）年に「道徳の時間」が設置された時には、国が内容を定めて行う道徳教育に対して、教師や教育学者の間に広範な懐疑・批判・反対が存在した。当時学校現場では、日本教職員組合を中心として、学習指導要領が「告示」として法的拘束力をもつとする文部省の主張を批判し、五八年指導要領そのものを拒否し、独自の教育課程を実行するところもあった。そうした動きを支えたのが、民間教育研究運動が教科ごとの研究会・サークルを中心として発展させた、「教育課程の自主編成運動」である。しかし道徳教育については、道徳の時間の特設そのものへの反対が強かったことから、オルタナティヴな教育課程の開発ではなく、道徳の時間の不実施、サボタージュなどの動きが中心であった。たとえば、道徳の時間特設五年後の一九六三（昭和三八）年に教育課程審議会が出した答申「学校教育における道徳教育の充実方策について（1）」では、「一部ではあるが、道徳の時間を設けていない学校すら残存している」ことが問題点として指摘されている。

他方で現在、学校における道徳教育を道徳の時間の指導とほぼ同一視しながら、それを必要なこと、当然行われるべきこととする捉え方は、筆者の感覚ではあるが、一般世論においても教師たちの意識においてもかなり定着しているように思われる。「逆コース」のなかでの道徳の時間特設をめぐる対立や論争を同時代のこととして記憶している教師はすでにいないし、教育史に詳しい、あるいは教育運動に熱心に携わってきた一部のベテラン教師を除いて、道徳の時間の存在そのものを問題視する感覚は希薄になっていると言っていいだろう。

では、このような意識の変化は、いつ頃、どのようにして起きたのであろうか。

本章ではこの点を、仮説的なものにとどまるが、検討したい。

結論を先取りして言えば、筆者は、「道徳の時間」が現場の教師によっても必要なものとして受け入れられていくのは、大まかに言えば一九七〇年代の後半あたりからであると考える。その背後には、同時期に盛んに指摘された、「少年非行・少年犯罪の深刻化」の問題と、やはり同時期に発生し始めた「新しい教育問題」（詳しくは後述するが、ここではさしあたり「不登校」「校内暴力」「いじめ」の問題を指すと理解していただきたい）への対応があったものと思われる。

さらに現代に近い時期においても、たとえば一九九〇年代後半から「少年犯罪の凶悪化・低年齢化」が盛んに指摘されるようになると、これへの対応として「心の教育」の必要が言われ、道徳の副教材として国が作成した『心のノート』が全国に一斉・一律に配付された。また、現在の「教科化」の必要を言う議論が一気に加速したのは、大津市の中学校におけるいじめ自殺事件をきっかけとしてであったことは、読者の記憶にも新しいだろう。

つまり、七〇年代以降、「子どもの変化」が著しく、一部においてはそれが深刻な非行や凶悪犯罪、被害者を自殺にまで追い込むような悪質ないじめを生んでいるとされ、そうした「深刻な問題」への対応として「道徳教育」の必要が叫ばれ、特定の事件を契機に道徳教育が「充実・強化」されていく、という流れが繰り返されてきたのである。こうした問題意識はもちろん政策立案者だけのものではなく、広く一般世論においても、また教師たちの意識においても、大まかに言えば共有され、道徳教育の「充実・強化」を必要なこと、あるいはやむを得ないこと、と受け入れる意識を生んできたのではないだろうか。

しかし、本章で筆者があえて問いたいのは、このような問題意識は、そしてその解決策としての「道徳教育の充実・強化」という方策は、正しいのだろうかという問いである。

ふたたび結論を先取りして言えば、筆者はこれらの問題（少年非行の深刻化、少年犯罪の凶悪化・低年齢化、悪質ないじめの増大）は、問題自体の実像を冷静に捉えておらず、実態以上に「大きな」「深刻な」問題として描き出されてきたと捉えている。問題の実像をきちんと捉えるならば、必要な対策は必ずしも「道徳教育の充実・強化」ではないように思われる。また、つまり問題そのものの把握においても、必要な対策の選択においても、指摘すべき重大な過誤があると考えられるのである。

そしてそのような「過誤」は、一般世論や普通の教師の意識にあっては単なる「過誤」かも知れないが、政策的にはむしろ意図的に仕掛けられた事実誤認であり、道徳教育の定着、あるいは「充実・強化」への人びとの同意をとりつけるためのものだったのではないかと思われるのである。

以下で具体的に分析や論証を行っていくが、そのためにまず、「モラルパニック」という概念を紹介・説明しておきたい。

二、モラルパニックとは何か

モラルパニック（moral panics）という概念は、イギリスの社会学者S．コーエンが一九七二年に出版した『大衆の悪魔とモラルパニック』(2)において提起されたものである。同書は、戦後イギリスにおいて生じた若者文化が、マスメディアを通じて実態以上に「危険」なものとして描かれ、固定的なイメージ（ステレオタイプ）を生み出し、過剰な対策を正当化していく過程を克明に描いたものであった。その後この枠組みはコーエン自身を含む「文化研究（カルチュラル・スタディーズ）」学派によって発展させられ、七〇年代後半に生起したサッチャリズムの若者政策・失業者政策を批判するための政治的な概念として用いられる。(3) 彼らの研究によれば、若者による「強盗 mugging」が頻発しているというイメージがマスコミによって増殖させられ、特に不安定雇用の若者を「危険な」存在とする見方を普及することによって、若者や失業者への福祉的施策を削減することが正当化されたという。

日本ではたとえば美馬達也が、カルチュラル・スタディーズの問題意識を受けて、モラルパニックを次のように定式化している。

・その問題の実態に比して、社会的な恐怖や対応が不釣り合いに大きい
・パニックのなかで採用される対応策が多くの場合に的外れであり、パニックのきっかけとなったことがらを解決するには役立たない
・そのような「誤った解決策」はたんに無意味なのではなく、公的に掲げられた目的とは異なった社会的役割を果たす。(4)（筆者による要約）

つまりモラルパニックとは、政策主体がある政策を通そうとし、世論の支持が十分でない場合に、その政策の支持に（直接的であれ間接的であれ）結びつくような「問題」を誇張とともに―多くの場合マスメディアを通じて―宣伝し、結果として政策への支持をとりつける手法であると捉えることができる。

記憶に新しい事例として、生活保護基準の引き下げ（二〇一三年八月から一五年四月にかけて、三回にわたって実施された）に先立ち、生活保護の不正受給に関する報道が相次ぎ、特に有名芸能人の親族が生活保護を受給していたケースが「問題」として何度も報道されたことなどが挙げられる。この例におけるように、政治的な意味をもったモラルパニックが、現に近年の日本においても起きている（起こされている）のである。

以下では、次節で一九七〇年代後半の「非行」「学校の荒れ」と九〇年代後半の「少年犯罪の凶悪化・低年齢化」について、そして第四節で近年の「いじめ問題」について、それぞれ、モラルパニックではなかったのかという観点から検討していきたい。加えて第五節では、七〇年代に発生し、以降深刻化していると言われる「新しい教育問題」について論ずるが、これについてはモラルパニックという観点からではなく、現に深刻な教育上の問題として扱う。しかし、第四節までで検討したモラルパニック現象についての理解を踏まえれば、この「新しい教育問題」も異なった姿をあらわし、対応策も異なったもの―道徳教育の充実・強化ではなく―となってくるのではないかと考えている。

三、「非行」「少年犯罪」をめぐる言説

「非行が深刻化した中学の経験から、校内非行の進行上は次のような道すじが見られます。「この程度なら…」と放置し、あいまいにしておくと、より深刻な段階へと進んでしまうのが、一つの特徴となっています。各中学で現状を出し合い、取り組みを話し合ってみましょう。(5)」

重度	◦オートバイ・自転車などで，ろうかを走り回る ◦教室ジャックが発生する ◦教師への暴力が集団化する ◦爆竹をもち込み，鳴らす ◦他校間抗争に集団的に加わる ◦放課後の教室がディスコになる	◦授業がほとんど成立しなくなる ◦乱闘服など着込んで登校する ◦堂々とタバコを吸って歩く ◦職員室のカベが足げりされる ◦公共物ハカイ・らく書きの蔓延 ◦校内でシンナー遊び，不純異性交遊がおこなわれる
中期	◦黒板に物をなげつける（授業中） ◦教師へのイカク・暴力が発生する ◦授業中のぬけ出しや妨害 ◦暴力グループが校内にできてくる ◦非常ベルをいたずらする ◦授業中にガム・菓子をたべる ◦下ばきのまま校舎内を歩く	◦教師の下駄箱や車などへのいたずら ◦たばこの吸いがらが発見される ◦服装・頭髪の乱れが蔓延化する ◦トイレのドアなど公共物がこわされる ◦化粧・そり・パーマなど「つっぱりスタイル」 ◦ポルノ誌・避妊具など校内にもち込まれる
初期	◦シールや「つっぱり人形」をカバンや服装に ◦わざと遅刻して登校・無断の早退 ◦授業中もおしゃべりが多い ◦教師への反抗が出てくる ◦弱い者いじめ・ケンカが起こる ◦他校生・卒業生グループとつながりをもつ	◦「まじめ」がバカにされる風潮ができる ◦現金や貴重品の盗みが発生する ◦「ツバ」「タン」が所かまわず散在する ◦公共物への「らくがき」が目立ってくる ◦ガム・菓子類が校内にもちこまれる ◦一般生徒とちがう頭髪・服装をする
きざし	◦カンニングなどの不正行為をする ◦保健室に行きたがる ◦教師によって態度をかえる ◦体育の授業をよく見学する ◦隠語（セコイ・ヤバイなど）が横行する ◦現金の貸し借り・かけ遊びをやる ◦粗野な言動（ブッコロス！）でやり合う	◦マンガ，週刊誌などもち込まれる ◦忘れ物が多くなり，提出物も出さない ◦そうじなど嫌い，校舎内がきたない ◦集団行動がきちんと出来ない ◦生活上の「きまり」が徹底しない ◦教科書など学校におきっ放しである ◦朝食・排便ぬきの登校・遅刻者が多い
	言　動	状　態

これらの項目は　◦それぞれ複合し表現されてくるし　◦尖出してある点のみ表現されることもあるので，大切なことは徴候と特徴を早期につかみ指導を徹底することである。

八〇年代初頭、教職員組合のある支部集会において、このような問題提起がなされていた。この問題提起を受けて実際にどのような議論がなされたのかは不明だが、当時の学校現場（このケースでは中学校）において子どもたちの「非行」の問題が教師の頭を悩ませるものだった様子は見て取れる。

ここで非行の進行の「道すじ」とされていたのが前ページの図表であるが、そこには図の下部に示される比較的「軽度」の状態・言動が、放置するならば徐々に「深刻化」し、最後には「重度の非行」に至るという認識が示されている。これがいわゆる「非行のピラミッド論」である。ピラミッドの頂点たる重度の非行を防ぐためには、裾野にあたる「きざし」の段階から対応を曖昧にせず、きちんと指導することが肝要であるとされる。「きざし」の項に書かれている「粗野な言動」「保健室に行きたがる」「マンガ・週刊誌などを学校に持ち込む」「教科書などを学校におきっ放しにする」といった事柄は、通常の感覚で「非行」と呼ばれるものではないと思うが、こうした言動や態度への指導を曖昧にすると、ピラミッドを徐々に上っていくように非行が深刻化していく、というのである。

こうした問題意識の背景にはさらに、学校外を含めてより重篤な子どもの荒れの問題、すなわち少年犯罪の激増という認識があったと見られる。そこでは教師たちに、次のようなデータ(6)を通じて「少年犯罪が激増している」ことが伝えられていた。

この図に示される数値は警察白書によって確認することができるが、ここで指摘しておきたいのは、警察白書から数値を拾ってこの図を作成したのは、かつて道徳教育の特設に反対してきた民間教育研究運動に近い位置にいた、教育学者の伊ヶ崎暁生だということである。また、この図が掲載された媒体も国民教育研究所の機関誌であり、つまりこの時期には、教育運動の側にも、少年犯罪が深刻化しており、それを背景として学校の非行の問題もあるという認識がもたれていたことが窺える。

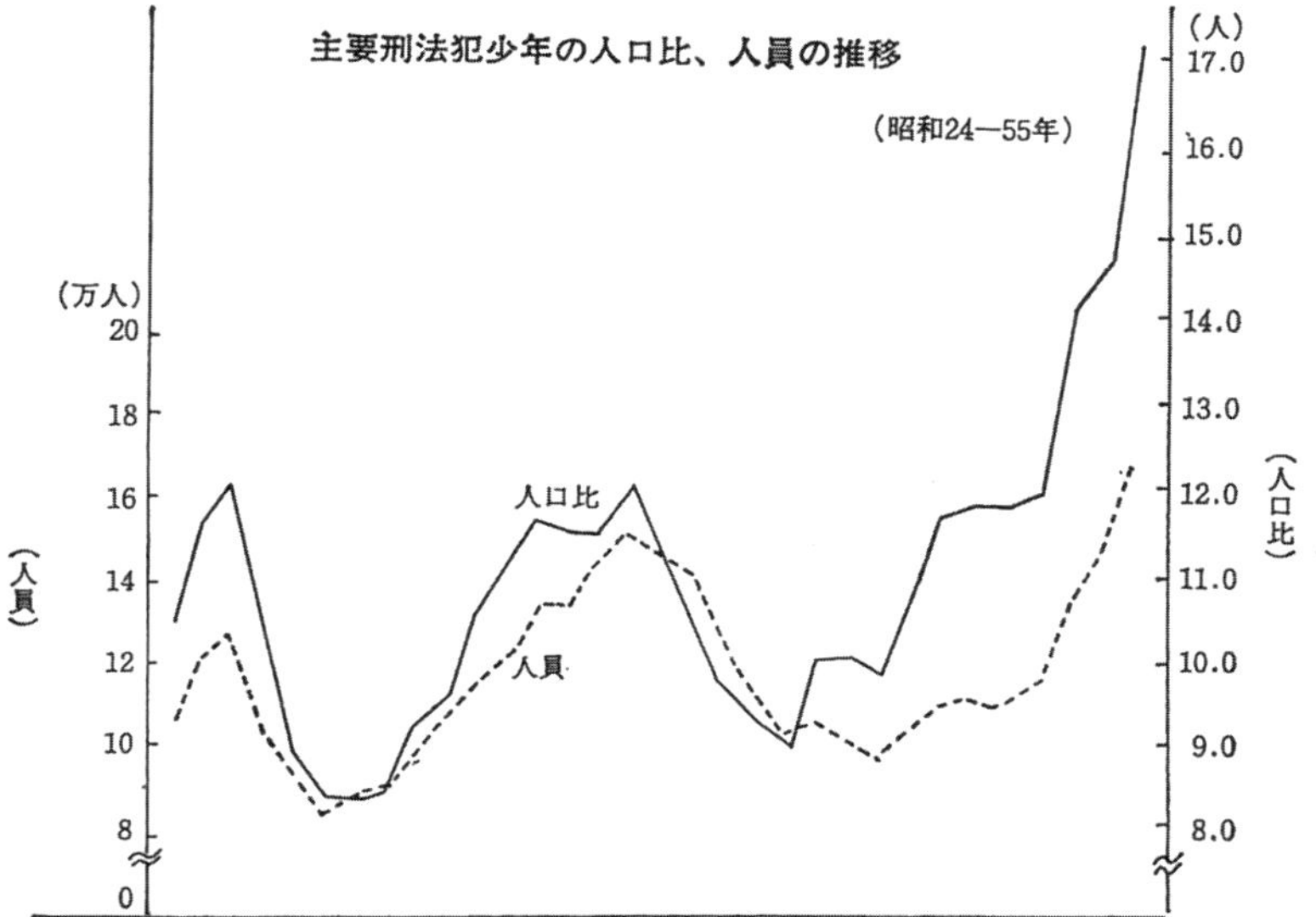

年　次	24	25	26	27	28	29	30	31	32	33	34	35	36	37	38	39	40	41	42	43	44	45	46	47	48	49	50	51	52	53	54	55
人口比	10.4	11.6	12.1	10.2	8.8	8.2	8.3	8.3	9.2	9.6	10.5	11.2	11.6	11.5	11.5	12.0	11.2	10.5	9.6	9.2	8.9	10.0	10.0	9.8	10.8	11.6	11.8	11.7	11.9	14.1	14.5	17.1

（注 1）　主要刑法犯とは，刑法犯のうち凶悪犯（殺人，強盗，放火，強姦），粗暴犯（暴行，傷害，脅迫，恐喝），窃盗，知能犯（詐欺，占有離脱物横領，横領）及び風俗犯（賭博，わいせつ）をいう．

（注 2）　人口比とは，同年齢層の人口 1,000 人当たりの補導人員をいう．

（出典）「警察白書」（昭和53年版），「55年度中における少年非行の概要」警視庁編より引用，伊ヶ崎暁生氏作成（国民教育研究所編『民研教育時報』第 2 号 27 ページ）．

図中の実線で示された「主要刑法犯少年の人口比」を見ると、昭和四五年から五五年にかけて、つまり一九七〇年代において、少年犯罪がうなぎ登りに激増し、かつてない水準で多くの少年たちが犯罪に手を染めている、と読みとることになるだろう。

　多くの教師たちがそうした現象を深刻な問題と捉え、そうした「子どもの変化」のあらわれが学校においては「非行」という形をとっていると理解し、「ピラミッド論」に基づいて、初期の軽微な「きざし」からきちんと指導しなければならない、と考えたのではないだろうか。そして、そうした指導の一つの機会として「道徳の時間」が捉えられたということもまた、充分に想像できることである。

　だが、そうした認識のそもそもの前

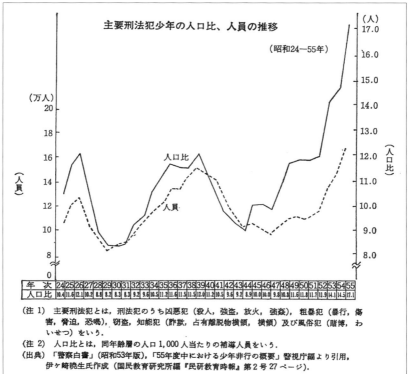

提としての「少年犯罪の激増」というのは、果たして事実だったのだろうか。

警察白書に示されたデータはもちろん捏造などではないのだが、まず、ここに示されているのは刑法犯として検挙された少年の数（と率）である。検挙数は、犯罪行為の実数ではなく、警察側の取り締まり方針の変化によっても変化するものであるから、これが即ち少年犯罪の実数を示すものとは言えない。図中昭和三〇年前後（一九五五年頃）は極端に数字が少なくなっているが、これが実際に少年犯罪が少なかったことを示すのか、何らかの事情で警察が少年犯罪の検挙に消極的だったことを示すのかは分からないわけである。

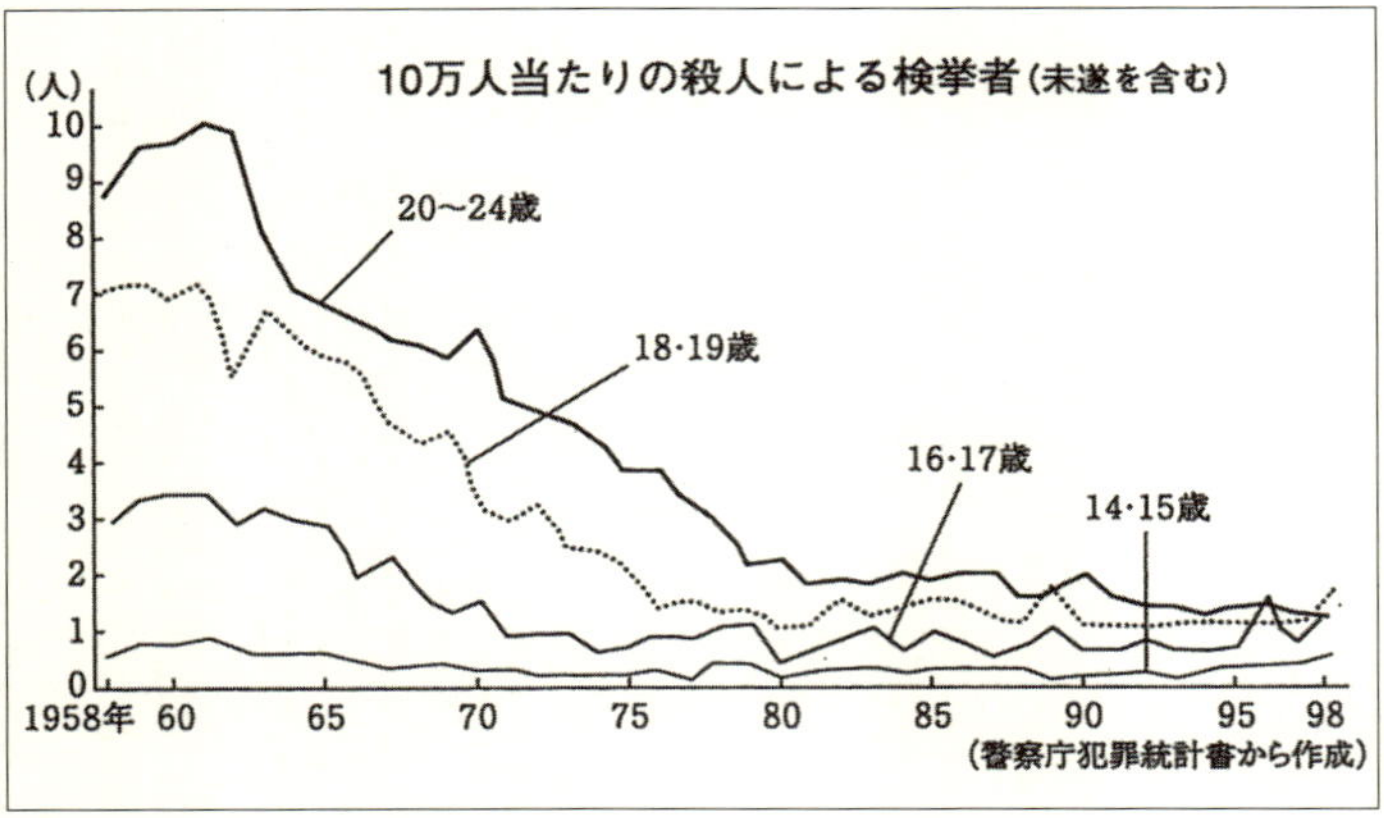

さらに、上に示すデータ[7]と比較してみることで、興味深い実態が見えてくる。
上に示したのは、殺人事件での検挙者数（各年齢層の人口一〇万人あたりの比率）の推移である。
このグラフから読みとれることは多いが、まず第一に、一九六〇年頃から九〇年代後半までの間、若者による殺人事件は全体として減少しているということである。六〇年頃がピークであり、その後ほぼ一貫して全ての年齢階層で減少している。第二に、高校生以下の年少・年中少年においてはもともと殺人事件で検挙される数はきわめて少ないということである。一六・一七歳の年中少年で最も多い時期であっても一〇万人中三人程度であり、パーセンテージで言えば〇・〇〇三％ということに

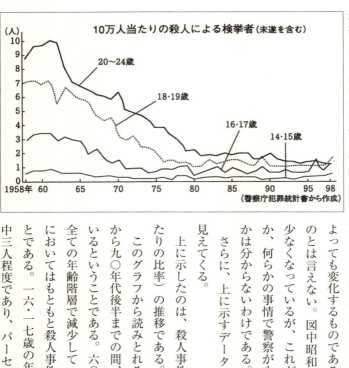

なる。中学生においては多い時期でも〇・〇〇一％に至らない。

そして第三に、これは重要な点であるが、全体が減少するなかで、特に減少が著しいのは、もともと相対的に数の多かった年長少年（一八・一九歳）であるということである。たとえばここで、未成年者による殺人事件の年齢比をあらわす円グラフなどを（各年について）作り、それらを比較したとすると、年少少年が占める割合は時間の経過とともに増加したことになるだろう。それは年少少年による殺人事件が増加したのではなく、年長少年によるそれが減少したことによっているのだが、仮に実数を示さずに割合だけを示したとすれば、あたかも「殺人事件に占める年少少年による事件の比率が増加している」という、それ自体は「嘘」ではないデータによって、「凶悪犯罪の低年齢化」というイメージが作られることになる。しかし、それが実態を正しく言い当てているのかと言えば、そうではないことは明らかだろう。年少少年による殺人事件はもともと発生率がきわめて低い、いわば例外的な事象であるため、劇的に減らすこともまた難しいのである。他方で、相対的に発生率の高い年長少年による事件が減れば、見かけ上年少少年による事件の占める割合が「増加」する、という仕組みである。

グラフから読みとれる第四の点は―ここで本論の展開にもどるのだが―、先に伊ヶ崎が作成した「主要刑法犯少年」のグラフにあらわれていたような、七〇年代における少年犯罪の激増といった傾向は、このグラフからはほとんど全く読みとれない、ということである。七〇年代後半に年中少年において若干の増加傾向は見て取れるが、それも六〇年代に比べれば明らかに低い水準であり、「激増」と言えるほどの変化ではない。

この二つのグラフの間の「矛盾」は、一体何を意味するのだろうか。

実は、殺人以外の凶悪犯罪（強盗、強姦、放火）のデータを見ても、七〇年代後半に少年によるそうした事件が激増したという事実はない。いずれも殺人同様、一九六〇年前後にピークがあり、その後は一貫して減少しているのである。伊ヶ崎の作成したグラフをもう一度見てみると、そこで数えられているのは「主要刑法犯」であるが、そこには凶悪犯も含まれているものの、それ以外に「粗暴犯（暴行、傷害、脅迫、恐喝）、窃盗、知能犯（詐欺、占有離脱物横領、横領）、風俗犯（賭博、わいせつ）」が含まれていることに気づくだろう。さらに、二つのグラフの「人口比」の尺度の違いにも注目していただきたい。殺人事件のグラフが「一〇万人中数人」というレベルであるのに対し、主要刑法犯のグラフは「一〇〇〇人中十数人」である。たとえば年中少年の七〇年代における殺人事件発生率は一〇万人中一人ないし二人といったところだから、これを主要刑法犯のグラフに置き換える（一〇〇〇人中の人数に換算する）と、〇・〇一人ないし〇・〇二人という数値になる。ほとんど誤差の範囲であり、グラフの見た目には影響を及ぼさない数値でしかない。

つまり、主要刑法犯のグラフには凶悪犯も含まれてはいるものの、それらはグラフの大きな変化を構成するような数では全くない、ということになる。主要刑法犯のグラフは、ほぼ凶悪犯以外の犯罪についての傾向をあらわすものであると考えて差し支えないだろう。実際に統計を調べれば、実はこの主要刑法犯のグラフにおいて七〇年代に激増しているのは、凶悪犯罪ではないどころか、前述したそれ以外のカテゴリーのなかの「窃盗」と「横領（占有離脱物横領を含む）」なのである。刑法上の犯罪名ではなく、さらに具体的に言うならば、それらはほとんどが「万引き（窃盗）」と「自転車泥棒（状況に応じて窃盗・横領・占有離脱物横領のいずれかに含まれる）」である。

もちろん、万引きや自転車泥棒も犯罪ではある。しかし第一に、この時期の「少年犯罪の激増」というのは、その言葉から連想されがちな「凶悪犯罪」の増加では全くなく、比較的軽微な犯罪行為の増加であることを認識しておく必要があるだろう。第二に、万引きや自転車泥棒がこの時期に激増した背景についても認識しておく必要があるのではないだろうか。筆者はそれを、子ども自身の変化ではなく、子どもをとりまく環境の変化と捉えた方が現実に近いだろうと考えている。環境、つまり犯罪機会が激増したのではないか、ということである。

一九七〇年代は、高度経済成長の最終局面であり、日本がモノの溢れる「豊かな」社会になっていった時代である。同時にそれは、従来の個人経営の小売店舗ではなくスーパーマーケットに代表されるような大規模小売店舗が多く生まれた時期である。同時にコンビニエンスストアも既にあらわれ始めている（セブン・イレブンの一号店は一九七四年営業開始）。同時にこの時期はまた、子どもを主たる購買主体とみなす商品が売り出され始めた時期でもある。つまり、子どもたちにとってきわめて魅力的な数多くの商品が、大規模店舗の棚にきらびやかに陳列され、しかも店員数は（個人経営店舗に比べれば）相対的に少ないという、万引きを誘発するような環境が全国的にあらわれたのがこの時期だと見ることができる。自転車泥棒についても事情は同じであり、高度成長前半期までは高価で大切な「家財」であったと思われる自転車が、駅前の駐輪場などに雑然と停められ、放置自転車による通行の障害が社会問題化していった時期である。そのような環境の変化のなかで、自転車の窃盗・横領（所有者の管理を離れたもの、所有者が不明なものを勝手に自分のものにしてしまうのが「占有離脱物横領」である）が「激増」したとしても、それは何らかの子どもの側の本質的な変化をあらわすような事態ではないだろう。犯罪を誘発する環境が周囲に増加したなかで、判断力の未熟な少年が思わず手を出してしまう、といったことだったと捉えるのが現実に即しているのではないだろうか。

続いて、一九九〇年代後半の「少年犯罪の増加・凶悪化・低年齢化」言説について考えてみたい。

九〇年代後半には、まさに「世間をゆるがす」凶悪な少年犯罪が続けて起きた。九七年の神戸市連続児童殺傷事件（いわゆる酒鬼薔薇事件）、二〇〇〇年の西鉄バスジャック事件などである。

特に前者の事件は、その内容の猟奇性、犯人として逮捕されたのが中学生であったという事実の衝撃などから、当時繰り返し報道され、「少年の心の闇」「一四歳が危ない」といった言葉を流布させるまでに至った。本書との直接的な関係においても、文部省はこの事件を受けて同年中に中央教育審議会に「幼児期からの心の教育の在り方について」諮問を行っており、この諮問への中教審の「答え」が、後の『心のノート』の作成・配布であったことを考えれば、この事件が直接、「道徳教育の充実・強化」につながったと見ることのできるものである。九七年当時の文部大臣であった小杉隆は、中教審への諮問理由説明の中で、この事件に直接言及している。

「子どもたちの間に見られるいじめ、薬物乱用、性の逸脱行為、さらには青少年非行の凶悪化などといった憂慮すべき状況も、子どもたちの心の在り方と深いかかわりがある問題であり、また、我々大人自身が真摯に自らの在り方を省みるべき問題であります。こうした問題の解決に資する上でも、心の教育の在り方を考えていくことが必要と考えます。折しも、神戸市須磨区の児童殺害事件においては、中学生が容疑者として逮捕され、私も教育行政をあずかる立場にある者として大変衝撃を受けるとともに、心の教育の重要性を改めて痛感したところであります。(8)」

だが、すでに示した殺人事件数の推移から明らかなように、この時期に少年による殺人事件が急増したという事実はない。繰り返しになるが、少年による殺人事件数（人口比）は一九六〇年前後が最悪であり、その後は一貫して減少傾向にある。九〇年代もその例外ではなく、神戸市の事件などはきわめて特殊な事例であると捉えるのが妥当であろう。そうした特殊な事例に立脚して、一般的な（どの学校にもあてはめられる）教育政策を策定すべきかどうかは大いに疑わしい。

問題は、特殊な事例が特殊なものと捉えられず、自分の身の周りでも「起こりかねない」「いつ起きるかわからない」ようなものとして捉えられていく過程である。言うまでもなく、その過程にはマスメディアが大きく介在している。

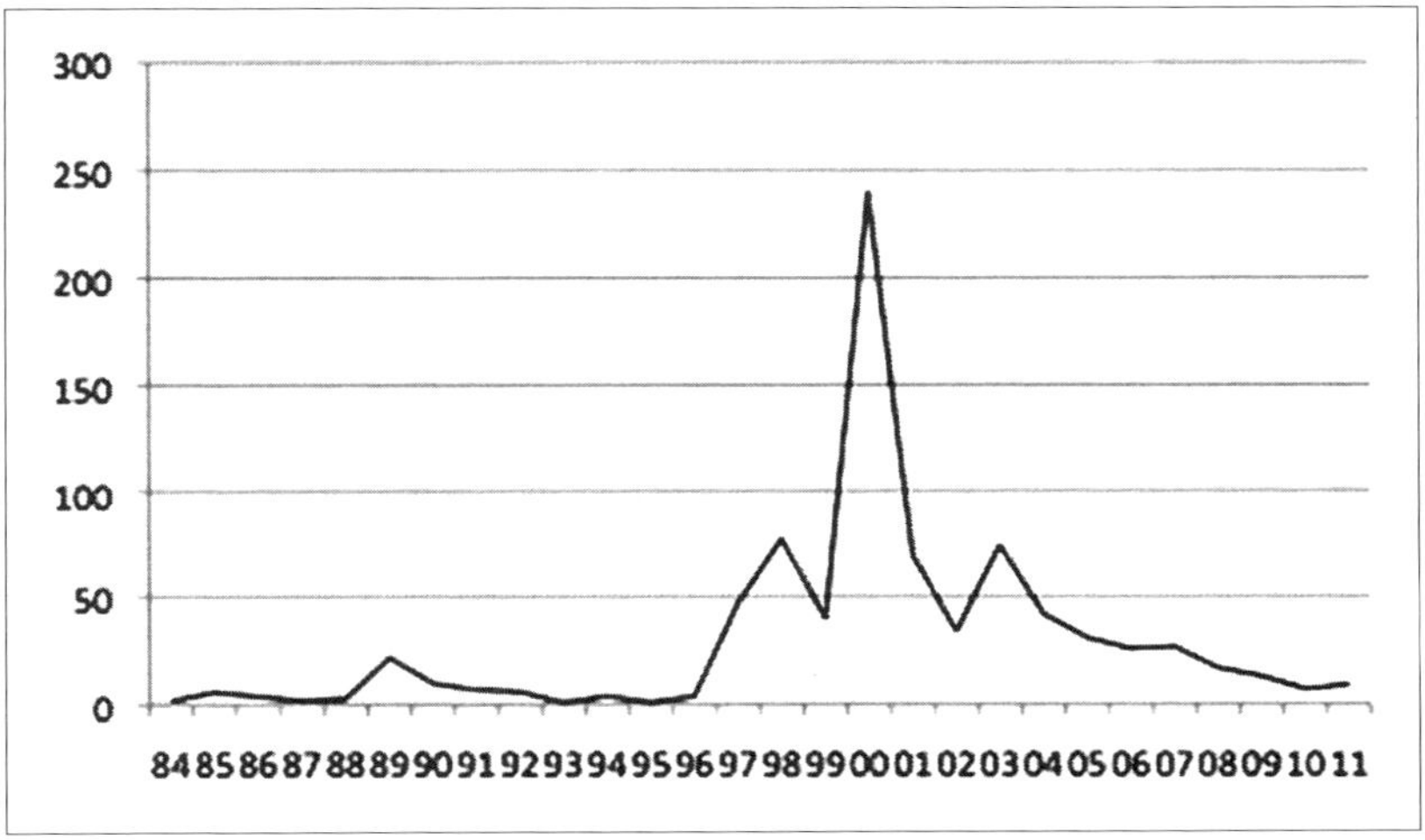

神戸市の事件は、既に述べたように、少年の「心の闇」の問題として捉えられ、報道された。そのような問題の捉え方は、事件に関する取材・報道の対象を拡散させる効果をもつ。少年の「心」という目に見えないものが対象であるから、その「心」の形成過程の全てが取材対象となり、たとえば当の少年の幼稚園時代の関係者までが、事件に「関連のある」人物として取材対象になるわけである。取材の対象は拡散し、報道の「切り口」は次々と無限に作り出される。結果として、一つの事件に関する報道が繰り返しメディアを賑わすことになり、メディアに接する市民はその話題に包囲されることになる。そこから、事件は「ごく少数のきわめて特殊な事例」ではなく、「現代に典型的な事例」であるかのように錯覚されていくのである。これこそがまさにモラルパニックである。

試みに、メディアがいかに「少年犯罪の凶悪化」といった言説に寄与してきたかを見てみよう。上図は、朝日新聞の記事検索データベースを用いて、「少年」と「犯罪」を検索語に記事を検索した結果、ヒットした記事数の推移である。従来、多い年でも年間二〇件程度（一九八九年、この年は名古屋市で少年によるアベック殺害事件があった）だった該当記事数が、神戸の事件があった九七年には五〇件を超え、翌年さらに増加し、西鉄バスジャック事件があった二〇〇〇年にはなんと二〇〇件を超えている（ただし、この年の増加は少年法改正論議に関する記事が多数を占めた結果でもある）。〇三年にもう一度記事のラッシュが来るが、この年には佐世保市で小学生による同級生殺害事件があった。

朝日新聞という一つのメディアに限定し、しかも検索語から言って少年が犯罪の被害にあったケースなども含まれ得るものではあるが、それでも、一件の特定の事件があった年に明らかに記事数が増えていることは窺えるだろう。前節で紹介した殺人事件数のグラフと比較してみるならば、少年犯罪報道は、実際の事件数とは関係なく、一件であっても話題性の大きい事件が起きれば増加することが見て取れる。新聞ではなくテレビの、それもワイドショーやバラエティ的な報道番組を考えれば、この傾向はより強いのではないだろうか。そこにはおそらく、視聴率のとれる話題であるという判断があるだろう。視聴率をとるためには、扱われる話題が視聴者に「関係のない」話ではなく、「誰にでも起こり得る」問題であると感じさせることが有効であろう。そこから「心の闇」「普通の子が危ない」といった切り口が選択されるものと思われる。だが、そのような切り口での報道は、視聴者の側に「うちの子は大丈夫だろうか」といった不安を呼び起こす。そして不安が煽られれば煽られるほど、視聴者はその話題に敏感になり、関係する報道に食いつくことになる。結果としてその話題はさらに「視聴率のとれる」ものとなり、報道は過熱し、人びとはより不安を増大させていく…。

これが、ごく少数の特殊で例外的な事件が、モラルパニックを惹き起こす仕組みであろう。こうしたパニックを経て私たちは特殊な問題を一般的な問題と誤認し、一般的な解決策を—それは特殊なケースに有効である保障はないのだが—受け入れることになるのである。

四、モラルパニックとしての「いじめ問題」

次に、まさにいま現在世間を大きく賑わせている教育問題としての「いじめ問題」について、それがモラルパニックではないのか、という視点を提起してみたい。

誤解のないようにお断りしておくが、筆者は「いじめ」が起きていないと言いたいのではないし、学校教育がそれに取りくむべきでないと言いたいのでもない。筆者がそのモラルパニック的な性格を指摘したいのは、次のような認識である。即ち「いじめは、子どもの自殺に繋がりかねない重大で深刻な問題であり、その数は激増しつつある」。「いじめ問題に対して、従来の学校や教育行政は充分な対応ができておらず、子どもの命を守るためには新しい対策・対応が必要である」。これらは筆者が便宜的にまとめた主張であるが、しかしこうした認識は現在の日本の市民に、そして教育関係者にも、ほぼ共有されつつある認識と捉えてよいのではないだろうか。だが、これらは本当なのだろうか？

二〇一四年度の小・中・高・特別支援学校におけるいじめの認知件数は、文科省発表で一八万八〇五七件である。その三年前、二〇一一年度には九万八二三〇件だったから、三年間でほぼ倍増していることになる。確かに、この数字だけ見れば「激増」と言うに値するだろう。

だが、数だけを見て衝撃を受ける前に、何かを数えるためには、数えられるべきものについての「定義」が必要だということを考えてみよう。「いじめ」はどのように定義され、何が数えられてきたのだろうか。

文部（文科）省による「いじめ」の定義は、これまで数度の変遷を経ている。時期順に整理すれば、以下のとおりである。

文部省（一九八六）…「①自分より弱い者に対して一方的に、②身体的・心理的な攻撃を継続的に加え、③相手が深刻な苦痛を感じているものであって、学校としてその事実（関係児童生徒・いじめの内容等）を確認しているもの」

文部省（一九九四）…「①自分より弱い者に対して一方的に、②身体的・心理的な攻撃を継続的に加え、③相手が深刻な苦痛を感じているもの」

文部科学省（二〇〇六）…「児童生徒が、一定の人間関係のある者から、心理的、物理的な攻撃を受けたことにより、精神的な苦痛を感じているもの」

いじめ防止対策推進法（以下「いじめ防止法」と略記：二〇一三）…「児童等に対して、当該児童等が在籍する学校に在籍している等当該児童等と一定の人的関係にある他の児童等が行う心理的又は物理的な影響を与える行為（インターネットを通じて行われるものを含む。）であって、当該行為の対象となった児童等が心身の苦痛を感じているもの」

文部（科学）省の定義が三種、現在は法によって定義されているのでそれも含めると四種の定義があるわけだが、時期的な変遷は、すなわち「いじめ」の定義拡大の過程であったと捉えることができるだろう。当初「学校としてその事実を確認しているもの」に限定されていたのだが、九四年にはその限定がなくなり、さらに「自分より弱い者に対して」「一方的に」攻撃を「継続的に加え」「深刻な」苦痛を感じているもの、といった「いじめ」の条件が、〇六年になくなった。一三年の「いじめ防止法」では、「攻撃」である必要すらなく、「行為」と定義されるに至っている。

なぜ「いじめ」の定義は拡大してきたのか。それは、定義が狭いことによって見逃しが起こる、という認識からであろう。どのようないじめ行為も見逃さないために、すべてのいじめ行為を包含し得るよう、定義は拡大されてきたのである。だが、定義の拡大が数の増加につながることは当然のことである。なお、前述した二〇一一年と二〇一四年のいじめの認知件数の比較では、定義はそれほど大きく変わってはいないが、各学校現場での「数え方」は文科省・各都道府県教委の指導により大きく変わっている。「軽微なもの、すでに解決したものも含めて数える」ことが指導により徹底されたので、件数が大きく増加しているのである。

このような定義の変化や数え方の変化が年によってある以上、いじめの認知件数の数字を経年的に比較しても、そこから一定の結論（「いじめ」が増えている、深刻化している、など）を引きだすことは難しい。

〇六年の文科省定義や現在の「いじめ防止法」による定義を字面どおりに受け取るなら、どのような行為がいじめとして数えられることになるのだろうか。子どもが「一定の人間関係のある者」から受ける、「心理的・物理的な影響を与える行為」で、それを受けた子どもが「心身の苦痛」を感じるならば、それは「いじめ」である、ということになる。

定義を拡大してきた理由は理解できるにしても、この定義はあまりにも広すぎないだろうか？

かつては存在していた「継続的な」ものであるという条件もないので、一回限りのことであっても、「被害」にあった子どもが「心身の苦痛」を感じていれば、それは「いじめ」であることになる。もちろん、「加害」側の動機や意図は考慮されない。つまり、見知らぬ他人ではない（＝一定の人間関係にある）誰かから何らかの行為を受け、そのことによって「心身の苦痛」を感じたならば、それはすなわち「いじめ」である。子どもの学校生活に即して具体例を挙げれば、たとえば友だちに話しかけたのに返事がなかったとか、メールを送ったのに返信がない、といったことすら、そのことを当事者が「心身の苦痛」と受け止めれば「いじめ」に数えられかねない。「いじめアンケート」において、そのような事柄を「無視された」と表現する子どももいるだろう。教室を「地雷原」と表現するような(9)現在の子どもたちの過敏な対他意識を考慮に入れれば、誰かに「じっと見られた」「目を逸らされた」といったことすら（行為を行った者の意図に関係なく）、「いじめ」の数に入る可能性がある。子どもへのアンケートをもとに、教師が前記定義を基準にしながら「いじめ」の件数を（軽微なものや既に解決したものを含めて）数えたものの総計が、前述した認知件数＝一八万件を超える「いじめ」であり、そこで数えられている個々の「いじめ」事例が、具体的にどのようなものであるのか、果たして深刻な問題と言えるのかは不明である。

少しでも「いじめ」の実像に近づくために、まず文科省が認知件数とともに発表しているその「内訳」を見てみよう。

文科省が認知件数を示した調査（「児童生徒の問題行動等生徒指導上の諸問題に関する調査」）では、いじめの「態様」についても調べている（複数回答可）。

認知件数に占める割合が多いものから三つを挙げれば、まず「冷やかしやからかい、悪口や脅し文句、嫌なことを言われる」が最も多く、六四・五％を占める。次に「軽くぶつかられたり、遊ぶふりをして叩かれたり、蹴られたりする」が二二・二％。そして「仲間はずれ、集団による無視をされる」が第三位であり、一九・一％である。これら以外に、一〇％を超える「態様」はない。重篤な暴力や金品を奪うなど、犯罪を構成する可能性のある行為を含む「いじめ」は、「ひどくぶつかられたり、叩かれたり、蹴られたりする」が七・五％、「金品をたかられる」二・一％、「金品を隠されたり、盗まれたり、壊されたり、捨てられたりする」七・一％などである。

認知件数の六割強は、言葉によって「嫌なことを言われた」といったものであり、全体として重篤ないじめではなく、相対的に軽微なものが大部分であると捉えてよいだろう。

次に、別の角度から見てみる。それは「いじめ」が「子どもの自殺」に繋がっている、という見方の検証である。

まず、日本の自殺者に占める未成年者（一九歳以下）の割合は低い。二〇一四年度について、警視庁『平成二六年中における自殺の状況』から数字を示せば、全体の自殺者数二万五四二七名のうち、未成年者は五三八名であり、全体の二・一％である。年齢階級別で比較すれば、未成年者は自殺者数・自殺率ともに、全ての年齢中で最も低い。少なくとも警視庁が前述の資料で結果を公表している一九七八（昭和五三）年以後では、この傾向は一貫している。したがって、日本の自殺問題を論ずる際に、それを主に未成年者の問題として論ずることは誤りである。

未成年者に限ってここ十年の自殺者数の推移をみると、最も多かったのが二〇〇六年の六二三名、最も少なかったのが二〇一四年の五三八名である。それ以前を（一九七八年までの範囲で）見ると、一九九三年の四四六名が最少、一九七九年の九一九名が最多である。七〇年代〜八〇年代は概ね現在よりも自殺者数が多いが、人口比も勘案するならば一貫した変化の傾向は見て取れず、概ね同程度で推移していると言ってよい。先に文科省の「いじめ」の認知件数を二〇一一年と一四年で比較し、「倍増」していることを確認したが、二〇一一年の未成年者の自殺者数は六二二名であり、一四年は五三八名であるから、倍増した「いじめ」の認知件数と未成年者の自殺者数との間に相関はなさそうである。

さらに、警視庁の同資料には、未成年者の自殺の原因について、遺書などが残されていた場合について、一事例につき三つまで原因を数えるという方法で調査を行った結果が示されている。

二〇一四年で言えば、五三八名の自殺者の自殺原因のうち、大分類では「学校問題」が一六七件とトップに来ている。しかしその内訳をさらに小分類で見ると、多い方から「その他（＝入試以外の：引用者）進路に関する悩み」四七件、「学業不振」四四件であり、「いじめ」はわずか三件である。

他の年度についても、ぜひ統計を確認していただきたいのだが、未成年者の自殺原因に占める「いじめ」の割合は一貫して低い（年間一桁）のである。逆に一貫して高いのは、「学業不振」、「進路に関する悩み」、「入試に関する悩み」である。

先に、日本の自殺問題において未成年者の占める割合は低いということを述べたが、未成年者に絞って見れば、自殺は第二位の死因である（一位は不慮の事故）。また国際的に見ても日本の未成年者の自殺率は相対的に高く、国連の子どもの権利委員会もこの問題への対処を求めている。そうした事実を踏まえて未成年者の自殺対策に力を入れるべきだ、という議論には筆者も大いに賛同するが、それならばまず行うべきことは、「いじめ対策」ではなく、「学業不振」や「進路に関する悩み」を解決することであろう。子どもたちが自分の「学業不振」に一人で悩まなくていいよう、きちんとわかるまで教えてくれる教師がいればいいのではないか。そのためには教員数の増加や、教員の「子どもと直接関わらない」仕事の減量といったことが直接的な対策になるだろう。「進路に関する悩み」を緩和するには、子どもの貧困対策や後期中等・高等教育の無償化、雇用の規制強化による「ディーセント・ワーク」（まともな仕事）の増加といったことがまず思い浮かぶ。穿った見方をすれば、こうした政策を行うべきだという世論が強まらないように、未成年者の自殺＝いじめ問題という固定観念が作り出されているのではないか、とさえ思う。

ともあれ、少なくとも現在の定義のもとで文部科学省が数えている一八万件を超える「いじめ」と、子どもの自殺とはほぼ関係がない、と言っていいのではないだろうか。もちろん、警視庁の統計で特定されている「いじめ」を原因とする自殺はあくまで遺書などによって確定されたものであるから、暗数はあるだろう。しかしそれでも、他の動機による自殺も事情は同じであることを考えれば、自殺原因としてまず「いじめ」を問題視することに合理性はない。

つまりここでも、前節で九〇年代後半の少年犯罪の「凶悪化」に関して見たような現象が起きていると思われるのである。特定の「いじめ自殺」事件が過剰に報道され、そのことによって同種の事件が身の周りで頻発しているような錯覚に私たちは陥っているのではないか。さらに、一八万件と数えられている、子どもたちの学校での友人関係の悩みやトラブル、葛藤などをみな「いじめ」と認識することによって、被害者の自殺にまで至るような深刻なケースと、日常的な子どもの友人関係でのトラブルとの間の区別ができなくなっているのではないか。

本節のはじめに、筆者は「いじめ」が起きていないと言いたいのではない、と書いた。だが、ここまで論じてきたことを踏まえるなら、この書き方は誤解を招くだろう。文科省の定義による「いじめ」は確かにあらゆる学校で起きているのだろう。そして、その中には犯罪を構成するようなケースや、被害者に自殺念慮を抱かせるような深刻なケースも稀に含まれてはいるだろう。だが、一体そうしたケースはどの程度含まれているのか？　むしろ、現在「いじめ」に含まれているものの大部分は、子ども期～青年期初期にありがちな人間関係のこじれ、トラブルに類するものなのではないか。「いじめ」の定義が広すぎ、また、万一の事態が起きたときに後からの責任追及が少しでも軽くなるよう、とにかく「見逃し」「数え逃し」を避けるために、これまでにも存在してきたような一時的な軽微なトラブルまでもが「いじめ」に数えられるようになっているのではないだろうか。

さて、ここで本章の主題であるモラルパニックの概念に戻ろう。既に整理した美馬の定式化によれば、モラルパニックにおいて重要なのは、パニック現象そのものではなく、パニックに乗じて採用される「誤った解決策」の方である。前節で論じた子どもの非行や少年犯罪をめぐるモラルパニックは、道徳教育の定着と、「心の教育」の推進、その主要な方策として『心のノート』の導入という「解決策」を導いた。「いじめ」問題についてはどうだろうか。言うまでもなく、近年の「いじめ」問題が導いた「解決策」としては、二〇一四年一〇月に中教審答申によって方向が決定した、道徳の時間の「教科化」が挙げられる。

これらの「解決策」であること、つまり「的外れであり、パニックのきっかけとなったことがらを解決するには役立たない」ことは、もはや詳しく論ずる必要はないのではないだろうか。神戸連続児童殺傷事件の犯人がきわめて特殊な事例であって、「心の教育」はそもそも、それによって対処すべき一般的な対象を欠いていた。的外れというより、解決すべき問題自体が存在しないのである。「いじめ」についてはどうだろうか。道徳の時間を教科にすること（一般にはそれによって道徳教育が「格上げ」されたと捉えられているが）によって、重篤で深刻な「いじめ」の事例が解消するだろうか？　大津の事件をきっかけに「いじめ」問題への対処として道徳の教科化が提言された（教育再生実行会議第一次答申、二〇一三年）以上、それがねらっているのは重篤な事例の解消だと思われるのだが、道徳の時間の位置づけを教科にすることで、なぜ、どのように、重篤ないじめ事例が解消されうるのか、その理路がきちんと示されたものには、管見の限り出会ったことがない。

そして、それらの「誤った解決策」には、パニックを惹き起こした事柄への対処とは別の、「異なった社会的役割」があるのである。政権が、モラルパニックを手法として用いて、これらの「解決策」を提唱したのであれば、その本当の役割、ねらいはどこにあるのだろうか。

この点の分析は、一九八〇年代以降の新自由主義政策と、それを補完するものとして二〇〇〇年代から前面化した新保守主義についての解説を必要とするため、次章において行う。

本章では最後に、ここまで論じてきたようなモラルパニック現象を、現実の子どもを日々目の前にしている学校現場の教師たちが、なぜ見抜けなかったのかという点について補足的に論じておきたい。ここでも結論をまず呈示してしまうなら、一九七〇年代以降、教師たちの目の前に現象として現れる子どもの姿は、モラルパニックとは無関係に、しかしそれまでとは異なる現れ方をするようになったのである。そうした「子どもの変化」を目の当たりにして、多くの教師がモラルパニック的な言説に疑問を呈することなく、それを呑み込んで―あるいはそれに呑み込まれて――いったのではないかと思われる。

その「子どもの変化」とは、いわゆる「新しい教育問題」――不登校、校内暴力、そして比較的軽微なものを多く含む、大部分の「いじめ」――の噴出である。

五、「新しい教育問題」について

「新しい教育問題」とは、一九七〇年代以降に主要な教育問題として言及されるようになる、不登校、校内暴力、いじめといった問題である。しかし、それらが「新しい」とされる意味は単に時期的なものではない。今井康雄によればそれらの問題は、それまでの「教育問題」とは異なり、「教育活動そのものが問題の主要な発生因子となっている」点に特徴がある。(10)

戦後それまでの日本において、教育問題とは、教育の機会が不十分であること（「すし詰め学級」問題や高校増設、全入問題、障害児の教育機会確保の問題など）や、政治から独立した教育という自律的空間が確保されないことをめぐる問題、つまり教育活動の量的・質的確保が充分になされていないことから発生する問題であった。しかし七〇年代に生じた不登校、校内暴力といった問題をそうした枠組みで捉えることは難しい。教育の機会は確保されているにも関わらず、子どもたちが学校に行くことを拒み、あるいは学校において教師に暴力的に敵対する。そこで問われるのは、教育の「過剰」であり、教育活動そのものの「抑圧性」であった。そのような意味において、これらの問題は「新しい」問題、従来の枠組みでは捉えられず対応できない問題とされるわけである。

このような「新しい」問題群が発生してくる背景には、七〇年代の高度経済成長の終焉までの過程で教育の機会が拡大したことが関わっている。高度成長以前には四〇％程度だった高校進学率は、七〇年代には九〇％を超える。機会の拡大自体は望ましいことであるが、そこにはいくつかの「副作用」があった。

一つは、教育社会学などにおいて「学歴インフレ」と言われる現象である。「高卒」「大卒」といった「学歴」を有する者の比率が高くなることで、それらの学歴がもつ社会的価値が相対的に低下することを意味する。進学率が四〇％台である時代には「高卒」の学歴は優秀さの指標であり得たが、九〇％を超えるとそうではなくなる、ということである。このことは「学校」そのものの「ありがたみ」が低下するということでもある。

二つに、高校進学率が急激に上昇するなかでも高校入試制度そのものは廃止されず、むしろ高校学区の広域化などによって入試競争が熾烈化していったことがある。かつて四割程度の者を巻き込んでいたに過ぎない「高校入試」競争が、ほぼ全ての子どもを巻き込むものになった。学校制度のなかで、ほぼ全ての子どもが一度は「受験」を経験することになったのである。このことが、特に中学校の教育に与えた影響はきわめて大きいだろう。かつての中学校教育は、高校に進学しない過半数の子どもたちをも当然に対象としていたのであるから、「入試のため」のものではあり得なかったはずである。そこでは、近く社会に出る子どもたちを相手に、入試以外の理由で「学ぶ価値」があると思われることを、そう思われるように、扱わなければならなかったはずである。しかし高校入試が大部分の生徒が直面する直近の問題となれば、中学校教育は多くの教師・生徒の「本音」の部分で「高校入試のため」のものになっていかざるを得ない。教育内容の価値や意味は深く追求されず（「受験のため」ですんでしまう）、かつ試験の成績や序列がきわめて大きな意味をもってくるようになる。

これら二つの「副作用」から、いささか乱暴に言えば、学校教育は子どもたちにとって、価値の（わから）ないことを、競争・選抜という抑圧的な環境の下で、単に暗記していくという場になったのである。もちろん、個別の学校や教師のなかにこうした潮流への抵抗や対抗的な実践の形成があったことを軽視すべきではないだろうが、全体の潮流のなかでそうした教師や実践に出会えなかった子どもたちが多くいたことは事実だろう。

さらにこれらに加えて、教育機会の拡大＝社会全体の高学歴化は、別の副作用ももった。「大人」が一般に高学歴化することで、「教師」がそれまでもっていた社会的威信も低下したのである。

こうして、学校や教師は、それまで学校であり教師であるというだけでもつことのできていた社会的威信・信頼を失っていく。子どもたちからも保護者からも、学校・教師は無条件で信頼できる、従うべき相手ではなくなっていったのである。

こうした、社会全体における学校の位置の変化が、学校という場への子ども（および保護者）の向き合い方を変化させたのが、「新しい」教育問題の正体であろう。しかしそれは表面的には、子どもの学校への反発、教師への反抗といった現れ方をし、尖鋭的な事例では不登校や校内暴力といった形態をとることになる。学校の社会的意味の変化によって増大した子どもたちのストレスはまた、いじめと呼ばれる水平的関係での諍いや暴力にもつながっていく。

しかし、こうしたマクロな背景の変化を同時代において冷静に認識できる者はそう多くはないだろう。日々の教室に立つ教師たちの目には、それ以前の学校を知っている者ほど、「子どもが素直に言うことを聞かなくなった」「以前は通った指示が通らなくなった」「学校の規則が守られなくなった」という側面ばかりが映ったのではないだろうか。そしてこうした表面的な認識は、マクロな社会学的認識と結びつくよりも、前節までで論じたようなモラルパニック言説と結びつくことの方が多かったのではないか。「子どもが変わった」「近頃の子どもはおかしくなっている」「道徳教育が（も）必要では…」と。

「新しい教育問題」に象徴される、子どもと学校の関係の変化は確かに七〇年代に起きたものであり、現在の教育問題もその系統に連なるものとして実際に存在しており、それ自体はモラルパニックなどではない。しかしその背景や原因を社会全体の大きな変化において見るのか、そうではなくモラルパニックに乗せられて「子どもの変化」と見るのかで、対応は大きく異なるだろう。「子どもが変わった」と捉えるのであれば、道徳教育の強化や生徒指導方針の改革・強化で対応することになろう。だが、背景に大きな社会的変化がある以上、学校がかつてのような無条件の信頼を取り戻すために「教育」「指導」を「強化」しても、その結果は目に見えている。むしろ学校の抑圧性をより高め、「新しい教育問題」をより深刻化させる結果になるのではないか。

教育機会の拡大が学歴の価値を相対的に低下させ、全ての子どもを競争に巻き込むことで学校を抑圧的な場へと変えた、と書いた。七〇年代以降近年までの日本で起きたことは、確かにこのようなことであると考えている。しかし、それは何も必然的な、逃れるすべのないジレンマではないと思う。「学歴」の価値とは、学校教育を受けた履歴が社会における競争において有する「価値」に過ぎず、学校教育の有する価値の全てではない。学校教育には、学ぶ過程や学んだことそのものの有用性・有意義性という本来的価値があるはずである。全ての子どもが高校段階に進学することも、必然的に受験競争を過熱化させるわけではない。むしろ大部分が進学するのであれば、小学区制を再導入し、入試によらない志望校への「全入」を実現するという選択肢もあるはずである。

「新しい教育問題」は、これまでの学校がもってきた権威的性格や、競争的価値観（それは第一章で触れた「被仰出書」の「立身出世主義」以来のものである）に対する異議申し立てである。そのように受け取れば、これを冷静に分析し、それへの対応を真摯に広く議論するなかで、新しい、より望ましい学校教育への移行をも可能とすることができるだろう。しかし、異議を申し立てる子どもたちを「道徳教育の強化」によって黙らせ、従順にさせる（そんなことができるとして、だが）ことでは、問題は決して解決しないのではないか、と考える。

注

（1）教育課程審議会「学校における道徳教育の充実方策について」、浪本勝年他編『史料　道徳教育の研究』北樹出版、一九八二年、一四五ページ。

（2）Stanly Cohen "*Folk Devils and Moral Panics: The creation of the Mods and Rockers*", Routledge, London and NY, 1972.

（3）代表的な研究として、Stuart Hall, Chas Critcher, Tony Jefferson, John Clarke, Brian Roberts "*Policing The Crisis: Mugging, The State, and Law and Order*", Palgrave, Hampshire and NY, 1978.

（4）美馬達哉「要塞と緋文字　メーガン法をめぐって」、上野加代子編『児童虐待のポリティクス　「こころ」の問題から「社会」の問題へ』、明石書店、二〇〇六年、二一〇ページ。

（5）東京都教職員組合江戸川支部「校内暴力のチェック・ポイント」（一九八一年）、浪本他編前掲書、一九八ページ。

（6）「非行・校内暴力の現状」、浪本他編前掲書、一九二ページ。

（7）広田照幸『教育には何ができないか』春秋社、二〇〇三年。

（8）「幼児期からの心の教育の在り方について：文部大臣諮問理由説明」、一九九七年八月四日、文部科学省ＨＰより。URL: http://www.mext.go.jp/b_menu/shingi/old_chukyo/old_chukyo_index/toushin/1309659.htm（二〇一六年一月三一日最終閲覧）

（9）土井隆義『友だち地獄「空気を読む」世代のサバイバル』ちくま新書、二〇〇八年。

（10）今井康雄「見失われた公共性を求めて」、『近代教育フォーラム』第5号、一九九六年。

第五章　新自由主義・新保守主義と道徳教育

前章では、一九七〇年代から現代にいたるまで、「少年非行・少年犯罪の増加」「少年犯罪の凶悪化・低年齢化」「重大ないじめの深刻化」といった、道徳教育の強化を推進しその必要性を喧伝してきた議論が、それらの問題の冷静な分析や背景となっている問題の検討を欠いたモラルパニック現象であったことを論じた。本章では、論じ残された課題として、それらのモラルパニック現象とそこから導かれる「解決策」＝道徳教育の強化の、真の意図、ねらいがどこにあるのかを論じる。

今日の日本において、政治における覇権を謳歌するかに見える新自由主義・新保守主義の潮流と、道徳教育の強化とは密接に関連している。この理路を明らかにすることで、単に今日道徳教育が強調される理由だけではなく、そこで求められている道徳教育の中身をも理解することが可能となるだろう。そのため、ここでもやや遠回りな印象があるかも知れないが、必要な範囲で新自由主義・新保守主義とは何かという点から論じていきたい。

一、新自由主義とは何か

本書において新自由主義とは、一九七〇年代末に英国のサッチャー政権により採用され、続いて八〇年代初頭に米国のレーガン政権、さらに日本の中曽根政権が採用し、以降多くの資本主義国において（強調点の相違はあれど）進められつつある政策セット、あるいは政策理念を指す。

新自由主義は英語では neo-liberalism と表記される。文字どおり「新しい」自由主義であるわけだが、では、それはまず、もともとの自由主義 liberalism とどのような関係にあり、何が「新しい」のだろうか。

古典的自由主義は、一七〜一八世紀のヨーロッパにおいて成立した政治経済の理念である。これを主張したのは、当時新興階級として勃興し、絶対君主制や封建的身分制度を批判し、近代市民革命をリードした裕福な平民＝ブルジョワジーであった。

そこでは一方で政治的自由、つまり、個々の市民が国家権力（当時においては絶対君主制国家の権力）に対して、思想信条の自由、表現の自由、集会・結社の自由等を享受することが求められた。ジョン・ロックをそうした主張の代表格と捉えてよいだろう。同時に他方で、ブルジョワジーは封建的諸制度によって阻害されていた自らの経済活動の自由をも主張した。財産所有の自由（処分の自由を含む）、居住、移動、交易の自由などである。こちらはアダム・スミスの思想において最も明確に、典型的に主張されていると考えることができる。これらの諸権利もまた、封建制度の下では特権階級の利害のために制約されていたのであった。

これら政治的自由と経済的自由を、特に概念的に区別することなく、一体不可分のものとして主張したのが古典的自由主義の特徴であった。当時のブルジョワジーにとって、自らの経済的自由のためには王権や封建的諸制度が桎梏であったのであり、これらを批判し、その廃絶のために行動する上で、政治的自由もまた必然的に求められたわけである。したがって、古典的自由主義においては、人権（自然権）思想に基づき、個人の尊厳を中核とする政治的自由の主張と、経済（自由市場）思想に基づき、一定の経済的実力をもった者がその実力を自由に行使することを是とする経済的自由の主張が、未分化なまま同居していたと捉えることができる。

しかし、近代市民革命を経て封建的諸制度が撤廃され、ブルジョワジーの主張が実現した社会―近代資本主義社会―において、この二つの「自由」の間に孕まれていた矛盾が次第に露呈してくる。「持てる者」の経済的自由を無制約に認めることは、「持たざる者」との格差を拡大させることを結果し、政治的自由の思想系においては同じ個人として尊重されるべき、「持たざる者」の政治的権利や尊厳を著しく損なう結果となる。

この矛盾を認識し、「持たざる者」の側からブルジョワ的自由主義の欺瞞性を指弾した一つの潮流がマルクス主義であり、二〇世紀に入ると、経済的自由を意図的に制限、制約することによって人々の尊厳を維持しようと（少なくとも理念においては）試みる社会体制として、社会主義国家も登場する。他方で資本主義国においても、特に一九二九年の世界恐慌への対応として、剥き出しの資本主義が社会の一体性をも破壊しかねないという認識から、経済の計画化（＝経済的自由の抑制）による資本主義の修正（ケインズ主義）や、福祉的諸施策の実行による格差の縮小（これも累進的な税によって支えられるものであって、富裕層から強制的に集めた財源で低所得層の福祉を充実させるという意味において、富裕層の経済的自由の制約である）が試みられる。いわゆる「福祉国家」的諸施策である。本書で後に検討する（第八章）米国の哲学者ジョン・デューイも、一九三〇年代には、諸個人の平等と民主主義のために、つまり政治的自由の確保のために、野放しの経済的自由を制約する必要があることを盛んに主張している。(1)

こうした、ケインズ主義的な公共政策を含む広義の福祉国家は、奇しくも一九四〇年代以降の資本主義国家でほぼ同時に起きた「高度経済成長」―第二次産業の飛躍的な進展と、家電製品や自動車の急激な普及による、経済の好循環―によって、財政的に支えられた。しかしこうした経済成長の終焉（一九七四年の第一次オイルショック）により、以後、低成長と経済的停滞が長期化することが予見され、福祉国家的諸施策を賄うための財政負担は「持てる者」にとって維持しがたいものと見なされるようになっていく。

ここで登場するのが新自由主義である。社会主義、社会民主主義、そして福祉国家的施策が、その背景的理念として、程度の差はあれ、経済的自由の制約による政治的自由の平等な確保を志したとすれば、新自由主義がめざすものはその逆、つまり経済的自由に課せられた制約の撤廃である。高度成長期のような大規模で持続的な成長が見込めなくなった社会において、それでも「持てる者」が利益を確保するためには、もはや「持たざる者」を救うための財源を負担することはできない。「持てる者」の経済活動の自由を「自由」一般の名で強調し、それと引き替えに、「持たざる者」を含めた全ての個人の平等な自由＝政治的自由の追求を放棄するのが新自由主義である。

ここから、政策セットとしての新自由主義の核になる理念として、「小さな政府」が目指されることとなる。「小さな政府」とは即ち、福祉国家的諸施策（公共的事業、社会福祉、公的に保障される医療や教育）から国家財政を引き上げ、その結果として財政規模が縮小した政府のことである。福祉国家においては国家あるいは公共セクターによって担われていたこれらの領域は、その多くが市場に開放され、民間企業の利益追求の場とされる。八〇年代以降の日本で相次いだ「民営化」政策（鉄道、通信事業、福祉事業等）はこの流れである。また、「持てる者」が税を通じて公共的財源を負担するという発想そのものも、法人税・所得税の相次ぐ減税という形で掘り崩され、最低限行わなければならない社会保障については消費税＝逆進税で—つまり「持たざる者」自身の負担で—賄うということが「常識化」されつつある。

福祉国家的政策の下では国家あるいは公共セクターによって担われてきた領域に、民間企業が参入するためには、それまで民間の営利目的の参加を阻む障壁となっていた様々な「規制」が取り払われる必要がある。そのため「規制緩和」が推進される。同時に、企業が利益を最大化することの障害となる「規制」も緩和あるいは撤廃されていく。労働者派遣法の度重なる改正は、働く者の生活の安定を確保するためにつくられてきた「規制」の緩和に他ならない。

つまり、政策面に着目してキーワードをつなげるならば、「小さな政府」を標榜し、「民営化」「市場化」を推進し、そのために「規制緩和」を行う政策こそ、新自由主義の政策であると言ってよいだろう。一九八〇年代以降の自由民主党の政策は（政権中枢に坐る人物によって濃淡や強調点の違いはあるものの）基本的にこれらの方向性において一貫している。現在の安倍政権も（次に述べる新保守主義的傾向の方が前面に出ているものの）、日本を「世界一企業が活躍しやすい国にする」ことを政権の理念として掲げる以上、間違いなく新自由主義的な流れに属している。また、「小さな政府」や「規制緩和（規制改革）」は、民進党に合流する以前から民主党の一部や維新の党、旧みんなの党なども標榜するスローガンである。その意味では、新自由主義的な理念や発想は「野党」の一部にも共有されるものとなっている。

二、新自由主義が求める道徳教育

古典的自由主義から福祉国家を経由して新自由主義へと至る、前節に記した世界史的な流れは、あまりに雑駁なものかもしれないが、しかしこのように推移を把握することで、新自由主義には一つの致命的な問題があることが見て取れるだろう。言うまでもなくそれは、一九世紀の資本主義が生み出し、福祉国家政策がそれを是正しなければならなかった、格差の拡大という問題が再燃することである。

現代日本においても、一九九〇年代後半以降、格差の拡大を予見し、あるいは実証し、それに警鐘を鳴らす著作は多く出版されている（早い時期のものとして、佐藤俊樹や橘木俊詔によるものなど(2)）。二〇〇〇年代には問題は単に格差が大きいということではなく、格差の下方にいる者の生活状況がもはや貧困と言わざるを得ない状況にあることとして指摘されるようにもなった（雨宮処凜、阿部彩など(3)）。格差の拡大や貧困の蔓延が新自由主義的政策の所産であることは説明するまでもなかろう。

考えるべきは、格差の拡大や貧困の蔓延といったことが起きることは、新自由主義的政策を推進する立場の者からも自明であることである。それらは決して「意図せざる副作用」などではなく、新自由主義的政策を採る以上、明白に、必然的に起きる事象である。したがって、これらの事象にどのように対処するかということは、多少なりとも見通しの利く新自由主義者にとっては、あらかじめ考えておくべき問題である。

格差や貧困が拡大し、それが政策的に放置された場合に、起きることがもっとも考えやすいのは、「持たざる者」たちによる反発・反抗であるが、それが政治的なムーヴメントとして発展し、新自由主義から益を得るとは言えない人々に正しく広がるならば、新自由主義政策を採る政権は早晩交替を余儀なくされるだろう。ということは、新自由主義を推進する者としては、「持たざる者」の反発・反抗が起きないよう、あるいはそれが起きたとしても政治的なムーヴメントにならないよう、対策を考えることとなるだろう。ここから論理的に帰結するのは、多くの人びとに政治的理解力を与えないこと、自己責任という意識を徹底させること、そして、既存の「社会のルール」や「社会秩序」を尊重する傾向をもたせること、ではないか。

つまり、新自由主義的な政策を推進する者は、格差の拡大、貧困の蔓延に関する対策として、政治・社会的な事柄を理解せず、社会に文句を言わずに自分の責任として状況を受け入れ、ルールや秩序を守って黙々と（貧しくとも苦しくとも）努力する、そのような人間を育てるというニーズを潜在的に持っていることになる。

これは妄想ではない。また、すでに潜在的ですらない。

八〇年代の中曽根政権以降の政権の中でも、新自由主義的な傾向を鮮明に出した政権の一つとして、二〇〇〇年の小渕恵三政権がある。小渕が私的な審議機関として招集した「〈二一世紀日本の構想〉懇談会」（座長・河合隼雄）は当時『二一世紀日本の構想：日本のフロンティアは日本の中にある』と題する報告書を公にしている[4]が、そこでは教育改革の課題について、次のように論じられている。やや長くなるが、新自由主義的な教育改革の構想が志向する方向性をもっとも明確に（露骨に）表しているものとして、紹介し解説しておきたい。

報告書はまず、公教育の機能に二つの側面があることを指摘する。一つは「統治行為」としての側面、もう一つは「サービス」としての側面である。

「広義の教育、すなわち人材育成にかかわる国家の機能には、質的に異なるいくつかの側面があることに注意しなければならない。第一に忘れてはならないのは、国家にとって教育とは一つの統治行為だということである。国民を統合し、その利害を調停し、社会の安寧を維持する義務のある国家は、まさにそのことのゆえに国民に対して一定限度の共通の知識、あるいは認識能力を持つことを要求する権利を持つ。…そうした点から考えると、教育は一面において警察や司法機関などに許された権能に近いものを備え、それを補完する機能を持つと考えられる。義務教育という言葉が成立して久しいが、この言葉が言外に指しているのは、納税や遵法の義務と並んで、国民が一定の認識能力を身につけることが国家への義務であるということにほかならない。[5]」

「同時に教育は一人ひとりの国民にとっては自己実現のための方途であり、社会の統一と秩序のためというよりは、むしろ個人の多様な生き方を追求するための方法でもある。この第二の側面においては、国家の役割はあくまでも自由な個人に対する支援にとどま（る）。[6]」

公教育を、「社会の安寧を維持する」ための「警察や司法機関…に近い」機能をもつものと捉えること自体に大いに違和感がある。また、「義務教育」の意味を「国民（の）…国家への義務」としている点は、大日本帝国憲法下ならばともかく、現行の日本国憲法第二六条の理解（国民は教育を受ける権利を有しており、子どものその権利を確保するため、保護者には就学させる義務がある）を問いたい。現行憲法すら正確に理解していない首相の懇談会にあきれもするが、ここでの彼らにとっての問題は、彼らの言う「統治行為」としての側面と「サービス」としての側面が、現在の公教育制度のもとでは混同され、国が負担すべきでないものまで負担している、という点である。「サービス」の側面は「市場的競争」に委ねるべきとする主張へと展開していく。

「二種類の教育が安易に混淆され、サービスとしての教育が生徒にとって義務となり、統治行為であるべき教育があたかもサービスであるかのように見えるならば、そのどちらも本来の機能を発揮することはできない。…両者の混淆は、一方で学校にあるべき権威と権能を与えず、サービスから市場的競争を排除してしまう結果になりやすい。(7)」

しかし、彼らの主張は単なる公教育の民営化論ではない。個人の将来のために学力、学歴・資格等を取得するための教育は「サービス」であるから民間を含めた市場に開放すべきであるが、他方「統治行為」としての教育は国家の権能、国民の義務として行われるべきだ、ということになる。

「統治がサービスと混同されたことの別の弊害として、子どもたちが教育を国民の義務として理解し、それに畏敬の念を持つことを忘れかけていることである。義務教育はサービスではなく、納税と同じ若き国民の義務であるという観念を復活しない限り、…昨今さまざまに憂慮される教室の混乱が起こるのも当然だと言える。(8)」

「法と制度を厳正に維持し、社会の秩序と安全を保証し、世界化する市場に適切な補正を加える国家の重要性は自明であり、生徒に対してそれを敬愛することを教えるのは義務教育の範囲の中にある。(9)」

同報告書の具体的な改革提案は、（一〇年間の検討期間を経て、という条件をつけながら）学校教育（彼らの言う「義務教育」すなわち「統治行為としての教育」）を週三日制にする、というものである。そこでは現在の「五分の三」に「精選」された教科内容が教えられる。残りの週四日は子どもと保護者の「選択と責任」に委ね、国による補助は「サービス行政にふさわしい程度」のものに縮減される。

同報告書では「道徳」あるいは「道徳教育」という言葉は使われていないが、ここまでの引用から、彼らが「義務教育」の主要な中身と考えているものが、教科の基礎的な部分だけではなく、ルールや秩序の維持、自己責任、そして愛国心などの育成を含んでいることが明瞭であろう。つまり、格差や貧困を受忍し、自己責任として引き受け、秩序を乱さず、国家（政府）を批判しない、そのような「道徳」を、国民の「義務」として教え込むことを公教育の主要な機能とし、それ以外の、個人の自己実現や将来の構築に資する教育は「サービス」として民営化する、ということなのである。

このような構想は、この懇談会だけの突出した見解ではないことにも最後に付言しておこう。同懇談会報告書に先立ち、一九九五年には経済同友会が「学校から合校へ」と題する教育改革提言を公表しているが、そこでめざされているものも「日本の構想」懇談会の示したものと細部の違いこそあれ、きわめて類似したものである。要は、公的負担による教育の場を大幅に削減し「基礎・基本教室」として再編、残りを「自由教室」として選択と自己負担に委ねる構想であり、「基礎・基本教室」には「日本人としてのアイデンティティーを育む教科」が位置づけられることになっている。

そして、かつて一九九八年の学習指導要領改訂に先立つ教育課程審議会の座長だった三浦朱門が語った、次の発言の中に、こうした新自由主義的教育改革の構想は縮約されているのではないだろうか。

「できん者はできんままで結構。戦後五十年、落ちこぼれの底辺を挙げることにばかり注いできた労力を、できる者を限りなく伸ばすことに振り向ける。百人に一人でいい、やがて彼らが国を引っ張っていきます。限りなくできない非才、無才には、せめて実直な精神だけを養っておいてもらえばいいんです。(10)」

「才」のない者の教育に国家は責任を持たない。したがって格差は拡大する。だが、格差の下方にいる者が社会の在り方を批判したりそれに抵抗したりすることがないよう、「実直な精神」だけは教え込む。これが、新自由主義者が「道徳教育」を欲する理由であり、また、彼らの望む「道徳教育」の中身なのである。

三、新保守主義と道徳教育

新自由主義は「小さな政府」をめざすのだが、それが「無政府」ではなく「小さな政府」であるのは、新自由主義者といえども国家に期待せざるを得ない機能があるからである。それはとりもなおさず、私人や民間企業の自由な経済活動を可能とする環境の整備である。より具体的に言えば、すでに「日本の構想」懇談会の報告書に表現されていたように、司法や警察といった機能がなければ、経済活動の安定・安全も保障されない。

かつて一八世紀のヨーロッパで、古典的自由主義のなかでも経済的自由をより強調した理論にレッセ・フェール思想（自由放任主義）。経済活動への政治的介入・関与を最小化し、市場原理に委ねることを主張した。フランスの重農主義者たちがその代表）があるが、そこでは「最小国家」が「夜警国家」と表現されていた。人々が活動を休止する夜間に、強盗や泥棒（市場のルールに基づかない財産の移動）が行われないよう見張ることが国家の役割と考えられたわけである。今日の新自由主義者が国家に期待することも、基本的にはこれと同じである。

しかし他方で、今日「持てる者」の経済活動が行われる舞台は一国内にとどまるものではない。経済活動の安全を確保するという要請は、経済活動そのものとともに、グローバルな要請となっているのである。そのような文脈において、新自由主義者は「小さな政府」の役割のなかに軍事的役割を位置づけざるを得ない。

日本の新自由主義的政治家を見ても、たとえば最初の新自由主義的総理大臣であり、旧国鉄や電電公社の民営化を断行した中曽根康弘は、米国の軍事的歓心を買うため日本を「不沈空母」とすると発言し、戦後初の総理大臣としての靖國神社公式参拝を果たし、防衛予算のＧＮＰ一％枠を突破し、教科書検定においてかつての日本軍の「侵略」を「進出」と書き換えさせた。郵政民営化を実行した小泉純一郎は、他方で戦後初めて自衛隊を紛争地へと派遣する「イラク特措法」を成立させた首相であり、中曽根に続いて終戦の日に靖國神社を参拝した。日本を「世界一企業が活躍しやすい国」にするという安倍晋三が、他方で安保法制に代表される「タカ派」であることは言うまでもない。こうした傾向は日本だけの話ではなく、多くの国において、新自由主義を標榜する政治家が、同時に他方で軍事的活動に積極的であり、またナショナリズムに傾倒した言動をすることがしばしば見受けられる（サッチャー、レーガン、ブッシュ父子など）。これは単なる偶然ではなく、すでに述べたように、グローバルな新自由主義のなかで、企業活動の安定や安全を確保するために、国家の軍事的プレゼンスが期待されることから生じている必然的な結びつきである。新自由主義のこのような側面を、しばしば「新保守主義」と呼ぶ。本書でもそのような意味でこの言葉を用いる。

新自由主義者が同時に新保守主義者でもあることは日本だけの話ではないが、しかし戦後日本の固有の文脈において、そして本書の主題である道徳教育との関わりにおいて、このことは他にはない重大な意味をもっている。言うまでもなくそれは、日本が戦後七〇年間まがりなりにも貫いてきた平和主義という憲法上の原則が否定されるからであり、道徳教育を通じてふたたび、近視眼的で独善的な愛国心が育てられ、「国のための自己犠牲」が称揚されるおそれがあるからである。

日本企業の活動を守るために自衛隊が海外へ出ること（二〇一五年の安保法制でこのことは法理上可能となった）は必要ではないか、と考える方が本書の読者の中にもいるかも知れない。だが、たとえば二〇一三年に起きたアルジェリアでの日本企業襲撃事件などのケースで、警察力ではなく軍隊（自衛隊は海外では軍隊と認識される）が出て戦闘が行われれば、それは即ち戦争である。相対する武装勢力（それがどのような勢力であれ）は日本をそれ以後も「敵」と見なすことになるし、その結果海外の他の場所で活動している日本のＮＰＯなどが襲撃の標的になるかも知れない。自衛隊員の中に死者も出るかも知れない。仮にその自衛隊員が、貧困家庭出身であるために高等教育を受ける機会を得る道が他になく、不本意ながら自衛官になった者だったとしたらどうだろうか。彼（彼女かも知れない）の犠牲は、日本の企業活動の安全を守るためやむを得ないものであった、と言いうるか。筆者にはそのようには言えない。

道徳教育の強化を主張する政治家たちは、一方で「いじめの深刻化」などをその理由として都合良く用いるが（それがモラルパニックを利用するという策であることは前章ですでに指摘した）、彼らが道徳教育を強調する本当の理由が「いじめ問題」などではないことは、実は、少し当事者たちの発言を調べれば容易に解ることである。

安倍晋三は、著書『美しい国へ』に次のように書いている。

「わたしがいちばん衝撃を受けたのは、「国に対して誇りをもっているか」という問いにたいする、日米の高校生の回答だ。「もっている」と答えた者が、日本は五〇・九％であったのにたいし、米国は七〇・九％（中国七九・四％）。自国に誇りをもっている若者が半分しかいないのである。／教育の目的は、志ある国民を育て、品格ある国家をつくることだ。そして教育の再興は国家の任である。日本の高校生たちの回答は、わたしたちの国の教育、とりわけ義務教育に、大胆な構造改革が必要であることを示している。[11]」

つまり、彼が道徳教育を重視する理由は、「国に対する誇り」を若者に持たせたいから、なのである。高校生が「国に対して誇りをもつ」ことは、いじめ問題の解決とは何の関係もないだろう。

自分の国に誇りを持てることは、望ましいことではあろう。それが自国と他国の歴史と実像をきちんと見据えた上でのことであれば。安倍の言う「国に対する誇り」はどうだろうか。もう一つ引用する。

「当時（一九八八年以前）イギリスで使われていた歴史教科書の中には、『人種差別はどのようにイギリスにやってきたのか』というようなものもあった。アフリカを搾取するイギリスを太った家畜にたとえたイラストも載っている。この教科書は…初等教育で使われるものだ。たいへん自尊心を傷つける教科書である。こんな教科書で子どもを教育したのでは、イギリス国民としての自尊心を育てることはできない。[12]」

これはサッチャー政権が行った新自由主義＝新保守主義の教育改革を称揚する文脈の中で出てくる文章だが、改革前のイギリスの教科書を批判している。人種差別の歴史を、自国（イギリス）を非難するような形で教材化したものは「自尊心を傷つける」ゆえに用いるべきでない、というのだ。これを日本に置き換えれば、安倍の言いたいことは明瞭だろう。歴史的事実を正しく教えることも、それが自国を非難するような内容であれば、否定されるということだ。

そもそも、日本の高校生の半数近くが「国に誇りをもっているか」という質問にＹｅｓと答えなかったことについて、それを教育で何とかしようという発想が歪んでいないだろうか。教育で、つまり高校生の側の考えを変えさせることで、国に誇りを持たせよう、ということではないか。『美しい国へ』は安倍の首相就任直前に書かれたものであるから、この調査結果を踏まえて「高校生に誇りをもってもらえるようなよい政治をしよう」と考えるのが、責任と権限のある大人の態度ではないかと思うのだが。

ともあれ、安倍が道徳教育の強化を求める理由は、いじめ問題の解決などではない。「国に対する誇り」（本当は愛国心とか忠誠心と書きたかったのかも知れない）を育てたい、と自らが言っている。しかもそのためには、日本にとってネガティブな歴史は（ネガティブなものとしては）教えない、というのである。

「国に対する誇り」あるいは「愛国心」については、もちろん様々な見解があり得るだろう。筆者自身、かつて（二〇代の頃）は「国」などという単位にアイデンティファイすること自体が無意味であり、「愛国」などという心情はすべからく否定すべきものと捉えていた。現在でもそのように考えたいという部分は論理的には保持しているけれども、他方で自己の内心を省みたときに、たとえば深刻な自然災害が起きたとき、それが遠い異国のことである場合よりも、日本で起きたことである場合の方が（自分自身への影響とは関係なく）より深刻な関心を持って事態を見ることはあると思う。そのこと自体、普遍的な人間への共感が不足していることのあらわれとして否定的に捉えるべきなのかも知れないが、自らが生まれ育った土地の気候風土、関わりをもった人間や、さらにそれに連なる人々、なじみのある文化、自己に定着している文化（言語や食習慣など）への愛着や同情という意味での「愛国心」までをも否定すべきではないという想いもある（かつて、哲学者の鶴見俊輔は、そうした「愛国心」を「ナショナリズム」と区別し得るものとして「パトリオティズム」と呼んだ）。もちろん、そうした意味に限定してもなお「愛国心」など持たない、という個人の自由は認められるべきだと思うが。

さらに、日本が民主主義国であり、筆者をも含めた国民一人ひとりの意思が国や政策をつくっていくのであれば、国（ここでは政府の意である）が誤った政策を採用したならば一人ひとりの主権者にそれに対する責任があることになるし、優れた政策を採用したならばそれについて「誇り」をもつことはあり得るだろう。二〇一五年の時点では「誇り」よりは（諸外国や次世代に対する）「責任」の方が明らかに重くのしかかっているのが現状だが、将来筆者自身が自らの価値観にそって日本という国のあり方や政策に「誇り」を感じる時が来ないとは言い切れない（来てほしいものである）。

そのように考えるならば、「国に対する誇り」あるいは「愛国心」一般を否定する立場には、筆者自身もないということになろう。ただしそれが、安倍の唱える「国に対する誇り」とはかなり異なるものであることは強調しておきたい。自国にネガティブな印象を与える事実（侵略や加害の事実、政府の失策や無策、様々な社会的対立や葛藤）は教えずに、教育で「よい国」であると教え込み、いわば盲愛的に「国を愛する」ことが、安倍および新保守主義者の求めていることである。それは言わば、虚像も含めて日本の「よいところ」しか見ない独善的な愛国心である。『心のノート』や『私たちの道徳』の「わが国と郷土を愛する」態度に関わる教材は、見事に日本の「よいところ」しか映し出していない（筆者の価値観からは必ずしも「よい」と思えないものもあるが、製作者の意図はそれらも含め「よいところ」として呈示している）。それに対し、筆者が許容しうると考える「愛国心」は、日本であれば日本の歴史と現状をネガティブな部分や未解決の問題・課題、対立・葛藤も含めてきちんと知り、課題があるならばその課題に自ら主体的にコミットすることを前提にしつつ、なお他国に対してもつのとは違う愛着や責任感を自国についてもつことである。もちろんそれは、自国の政府の方針や政策を無条件に肯定することではない。むしろ自国の問題については（他国についてよりも）深刻な問題意識と責任感をもつが故に、場合によっては積極的に政府・政策を批判し、政治的活動にもコミットすることになる、そのような動機づけを与える心情である。

つまり、日本という国に対する「愛国心」あるいは「誇り」には、きわめて多様な価値観が反映しうるし、その結果として「愛国心」による行動も多様であり得ることになる。ある者は愛国心ゆえに政府を支持するかもしれないが、同じことについて政府を批判している者も「愛国心」にせき立てられてそうしているのかも知れない。安倍はおそらく認めたくないだろうが、憲法第九条を支持し、ゆえに安保法制に反対し、そのためにデモに参加する人びとの中にも、「愛する日本」を戦争に巻き込みたくないという思いをもっている人が多くあることだろう。憲法の下、戦後七〇年間戦争に直接参加することをせず、自衛隊をもちながら一人の外国人をも殺さなかったことを「誇りに思う」という発言は、安保法案反対の運動のなかできわめて数多く聞かれたのである。

この、国に対する心情（愛でも誇りでもいいが）の多様性について、日本の新保守主義者は全く理解していない。あるいは、そのような心情を認めようとしない。

「日本という、一国一文化という、祖先の永遠の、悠久の営みの中でできてきた我々の法に書かれざる規範、伝統的な文化の中から出てきた規範のようなものを大切に教えられる教育基本法にしていこう、それが安倍総理の言っておられる基本的な、美しい国の根本だと私は思います。(13)」

これは第一次安倍内閣のもとで行われた教育基本法の改正時に国会論戦のなかで、伊吹文明文部科学大臣（当時）によって述べられたものである。ここには、日本という国に対する「愛」や「誇り」の持ち方やその内容が多様であり得るという発想は微塵もない。それどころか、「一国一文化」であるから、地域的な多様性さえ否定されている。沖縄、アイヌを筆頭に、日本にも様々な異なる文化があり、それらが現在消滅の危機にあることなど、全く意識されていない。さらに「祖先の永遠の、悠久の営み」から得られた「法に書かれざる規範」とは、即ちかつて教育勅語が記していた「国家道徳」ではないのか？　少なくとも教育勅語は、「一旦緩急アレハ…皇運ヲ扶翼スヘシ」という「徳」を、「皇祖皇宗」が「宏遠」の昔に「樹」てた「徳」である、としていた。伊吹の言う「祖先の永遠」の「悠久」の「規範」、「一国一文化」の中身はそれではないのか、と疑わせるものがある。重ねて伊吹は言う。

「日本は日本独自の文化の中で規範意識をずっと醸成をしてきた。それがあの一〇年ほどの占領下で一時途絶えたということは、その後の行動に大きな影響を与えたと思います。その国特有の規範意識を復活させ、…これが今回の法律の一番の私は根本哲学だと感じております。(14)」

「今回の法律」とは、言うまでもなく、教育の目標として「わが国と郷土を愛する態度」を育てることを法定した、二〇〇六年教育基本法である。そして伊吹は、彼の言う「一国一文化」の「規範」は、「一〇年ほどの占領下で一時途絶えた」と表現している。つまりそれは、戦前・戦中にはあったが占領下ではおおっぴらにできなかったような「規範」なのである。伊吹の言う「日本独自の…規範」が日本国憲法の平和主義や基本的人権の尊重や国民主権といった理念ではなく、むしろそれらと対立する戦前的な何かであることは間違いない。

新保守主義（時に純正の—新自由主義と無関係の—復古主義者もそこに同居しているように思うが）が道徳教育に求めるものは、自国の歴史や政治的現状を無条件に肯定し、政府の意に従って軍事的行動をも厭わないような「道徳」を—主に「持たざる者」に、「実直な精神」として—持たせることである。最後に、安倍や伊吹よりも率直にそのことを述べたある国会議員の発言を引用する。

「お国のために命を投げ出しても構わない日本人を生み出す。お国のために命を捧げた人があって、今ここに祖国があるということを子どもたちに教える。これに尽きる」「お国のために命を投げ出すことをいとわない機構、つまり国民の軍隊が明確に意識されなければならない。この中で国民教育が復活していく。(15)」

二〇〇六年の教育基本法改正の二年前に、「改正促進委員会」という超党派の議員によってつくられた「委員会」における発言である。西村眞悟（当時は民主党、現在は次世代の党）は自民党員ではないし、安倍閣僚でもない。したがって、安倍政権が目指しているのがこのようなことだ、と断定することはフェアではないだろう。だが、先の伊吹発言が明らかに戦前的な価値を「日本独自の規範」と捉えていることからすれば、また自民党が二〇一二年に公表した「憲法改正草案」が「国防軍」の設置を言い、国民に「国を守る義務」を課し、基本的人権の制限を規定していることなど(16)を考え合わせれば、これらはつながっている（西村は無警戒に正直に本音を言っているのに対し、安倍や伊吹はもう少し慎重なだけである）と考える方がむしろ自然ではないだろうか。そして、国会内部ではこの西村のような発言が堂々と（既に一〇年前に）なされるようになっており、そうした空気のなかで道徳教育の強化、教科化が決められてきたことは、決して見落としてはならないだろう。

二〇一四年、道徳を「特別の教科」にすることが中教審答申で既定路線化した。文部科学省はこれを受け、二〇一五年三月に、初の教科としての道徳の学習指導要領を作成した。本書執筆中の現在、指導要領に沿った教科書検定基準はすでに作られ、教科書出版会社が初の検定に向けた教科書を作成している途上である。

中教審答申、学習指導要領はともに、「特定の価値を教え込む」道徳教育を否定し、多様な価値観を許容するという前提のもと、子どもたちが「考える道徳」を推奨している。これは明らかに、新自由主義者・新保守主義者、政権が求めている「道徳教育」ではない。五八年の「道徳の時間」特設時と同様（第三章参照）、政治家の独善的な要求に対する文部科学省官僚や有識者の抵抗があった、と捉えてよいだろう。だが、今回もまた、「教科化」

する、即ち道徳の「教科書」が使用義務を伴うものとして導入され、しかも国がその内容の当否を検定するという仕組み―道徳教育への国家介入の道―は大きく広げられた。この「道」を通って今後やってくるものがどのようなものになるかは、予断を許さない。少なくとも新自由主義・新保守主義勢力―政権を含む―の側に、格差や貧困を自己責任として受け入れ、権利を主張せず、ただ従順に社会の秩序を守り、文句を言わず、「日本」のよいところだけを見て独善的な愛国心をもち、そして事あらば「国のために命を投げ出す」、そのような「国民」をつくりたい、という欲望があることは忘れてはならないだろう。

さて、ここまで、明治期の学校教育草創の時代から現代まで、道徳教育のあり方の変遷、そして道徳教育と社会・政治・政策との関わりを見てきた。現状はたった今書いたような緊張を孕んだ状況である。筆者は―すでにお分かりと思うが―道徳の教科化には反対である。さらに言えば、そもそも特設の「道徳の時間」が本当に必要であるかという点にも疑問をもっているし、「道徳の時間」を実質的にサボタージュしてきた（ただし、日常の指導を通じて子どもたちの道徳教育は行ってきた）教師たちに、むしろ共感を覚える。道徳教育が不要だと考えてはいないが、それを「特設」で行う必然性はないというのが筆者の率直な意見に近い。

しかし、いかに反対であろうと教科化は既定路線である。完全なサボタージュは難しいだろう。そして、数年後に指導要領や教科書検定を通じて、現在一部の政治家たちが目論んでいる、戦前回帰のような道徳教育が現場に強要されるおそれすらある。そうした動きに抗うために、今こそ消極的なサボタージュではなく、私たちが欲する道徳教育を構築し、実践的に逆提案していくべき時なのではないか、と考えている。「私たち」とは、民主主義と平和、一人ひとりの人間の尊厳と自由を、そしてそうした価値を実現しようとする社会を、望ましいと考える「私たち」である。

次章以降、本書の後半では、新自由主義・新保守主義が欲望する道徳教育に対抗するものとして、このような価値観―民主主義・平和・人権―に基づいた道徳教育を構築していくための手がかりを模索していきたい。それはすなわち、本書のタイトルでもある市民＝主権者のための道徳教育の構想、である。

注

（1）ジョン・デューイ『人間の問題』明治図書、一九七六年など。原書はJohn Dewey *"Problems of Men"*. Philosophical Library, NY, 1946.

（2）佐藤俊樹『不平等社会日本 さよなら総中流』中公新書、二〇〇〇年、橘木俊詔『日本の経済格差 所得と資産から考える』岩波新書、一九九八年。

（3）雨宮処凛『生きさせろ！ 難民化する若者たち』太田出版、二〇〇六年、阿部彩『子どもの貧困 日本の不公平を考える』岩波新書、二〇〇八年。

（4）「二一世紀日本の構想」懇談会著、河合隼雄監修『日本のフロンティアは日本の中にある 自立と協治で築く新世紀』講談社、二〇〇〇年。

（5）同前。

（6）同前。

（7）同前。

（8）同前。

（9）同前。

（10）斉藤貴男『機会不平等』、文藝春秋社、二〇〇〇年。

(11)安倍晋三『美しい国へ』、文春新書、二〇一二年。
(12)同前。
(13)二〇〇六年一〇月三〇日、衆議院特別委員会における伊吹文明文科大臣（当時）の発言。「日本会議」HP内、「国会答弁で明らかにされた新教育基本法の理念」から引用。URL: http://www.nipponkaigi.org/opinion/archives/1181（二〇一六年一月三一日最終閲覧）。
(14)二〇〇六年一一月二二日、参院特別委員会。出典は同前。
(15)「教育基本法改正促進委員会」設立総会における西村慎悟の発言：高橋哲哉「「国民」教育と犠牲のポリティクス」『現代思想』二〇〇四年四月号より引用。
(16)自由民主党の改憲草案については、URL: https://www.jimin.jp/policy/policy_topics/pdf/seisaku-109.pdf（二〇一六年一月三一日最終閲覧）。

第二部　市民を育てる道徳教育の探求

第六章　中間考察 ── いくつかの原則 ──

本章以降では、近代以降の様々な道徳教育に関する思想や理論に学びつつ、前章の終わりで述べたような、平和・民主主義・人権という価値観に基づいた道徳教育をどのように構想しうるかを探求していく。

本章では、具体的な内容論に入る前に、あるべき道徳教育を考える上での前提となるであろう原則について、いくつか論じてみたい。消極的には、戦前・戦中の修身や一九五八年以降の学習指導要領が描いてきたこれまでの学校道徳教育を「反面教師」としながら、避けるべきいくつかのポイントをおさえ、積極的には私たちがどのような人間を育てたいのか、という観点から考える。

一、徳目主義を超える

消極的な面で第一に指摘したいのは、徳目主義に陥ってはならないということである。ここで徳目主義とは、正しい「徳目」はすでに決まっており、それを子どもたちに伝達することが道徳教育である、という考え方や実践を指している。学習指導要領に示されている道徳の「指導内容」も「徳目」である。もちろんそれらの中にも望ましいと思われるものはある。しかしそれらがいかに正しいと思われても、それを直接子どもに教えようとすることには問題がある。

「徳目」とは、道徳についてこれまでに誰かが考えた結論である。算数に例えれば、それは「式」ではなく「答」である。仮に算数において、子どもたちに式の立て方や考え方を教えずに、「答」だけを直接教えようとしたら、子どもたちに算数の力はつくだろうか。つかない、と考えるのが妥当だろう。また、そのようなやり方で子どもたちは算数の意義や楽しさを感じることができるだろうか。それもできないだろう。

道徳教育も同じである。大切なことは、急いで答を教えようとすることではなく、答に至るプロセスを子どもたちが自分で辿れることである。教えるべき「徳目」が変更できないものとして決まっているような道徳教育は、子どもたちにとって魅力的でないばかりか、道徳について考える力や意欲を奪ってしまうのではないだろうか。

また、算数と道徳には異なる面もある。それは、教師の側でもたれている「答」の確実性の違いである。算数における「答（正答）」は、そこに至る考え方のプロセスは多様であり得るにしても、揺るがない「真」であると言っていいだろう。他方で道徳ではどうだろうか。例外なく、全ての場合に「正しい」と言える徳目などは、未だ存在しないのではないか。「家族を大切にしましょう」という徳目を、施設から通っている子どもはどう受け止めればいいのか。虐待を受けている子どもは？　「人を殺してはいけない」という徳目を考える時、その人は死刑制度に反対しているだろうか。少なくとも、具体的な文脈から切り離され一般化された徳目＝道徳における「答」には、数学におけるような確実性はないと言うことはできるだろう。

だからこそ、道徳教育においては――算数など他の教科以上に――考えるプロセスがより重視されなければならないし、教師が当面もっている「正答」とは異なる「答」があり得る可能性に常に開かれていなければならない。

道徳の問題――善悪をどう考えるかという問題――に関しては、私たち大人の社会においても未解決の問題やジレンマが多数存在する。子どもたち自身も、成長するにしたがってそのような未解決問題やジレンマ、対立や葛藤に直面するだろう。その時に求められるのは、固定的なお題目としての「徳目」ではなく、事実にもとづき論理的に考え、他者と考えをぶつけ合い、その時々に可能な合意の地点を見出すことのできる力なのではないか。そのためには、子ども期の教育の中でも、むしろ既存の「徳目」を疑い、よく考え、「常識」にとらわれずに議論し、時には特定の結論に至らずに皆で「分からなくなる」ような経験も積極的に認められるべきであろう。(1)

「徳目主義」にはもう一つ弊害がある。それは、言わば「面従腹背」を奨励することになるという問題である。固定的な「答」として用意された「徳目」は、子どもたちからすれば、「教師の求める正答」である。その「徳目」がなぜ正しいと言えるのか、本当に正しいのかは問題にならない。『心のノート』に典型的だが、多くの読み物教材を含め、徳目主義的な道徳の授業あるいは教材で、何が「正答」なのかは、ほとんどの子どもたちにとってははじめから明白であり(2)、「自分が本当にそう考えているのか」「自分は本当にそうふるまえるのか」といった問いは切実にはもたれないままになってしまう。そこから帰結するのは、「道徳の時間だからこう言っておけばいい」といった態度である。子どもたちの本心、本音は「徳目」に影響を受けないどころか、一部の子どもたちは「学校的な道徳」を「つまらないもの」「きれいごと」に過ぎないとして、本心では積極的に忌避しさえするだろう。子どもたちがそのような態度を習慣化するとしたら、それで「道徳教育」がなされたことになるのだろうか？

固定的な徳目を直接教えようとするような道徳教育は避けなければならない。むしろ逆に、「徳目」とされる事柄を積極的に疑ってみることを含めて、「考える道徳」がめざされるべきであろう。

二、心情主義を超える

道徳教育が「心の教育」と言い換えられることがあるように、近年の学校教育の文脈では、道徳教育は心の問題と捉えられてきた。道徳教育の副教材が『心のノート』と題されていたことに象徴されているが、教育政策において「心の教育」という言葉が用いられるようになった一九九〇年代よりもはるかに前から、道徳の問題を心の問題とする捉え方は貫かれている。「心」の問題、すなわち知識や思考ではなく、それらとは区別される独自の精神領域に「道徳」があるとする捉え方は、「多識」であることと「善良」であることを対比した一八八一（明治一四）年の小学校教員心得（第一章参照）にまで遡ることができる。

確かに、客観的な知識だけをいくら貯め込んでいても、その人が「善い」人だとは限らないという意味では、「知」と「徳」は区別できるし、別のものだと言えるだろう。だが、「知」と「徳」の間には何の関係もないのだろうか？

そうではないことは、例えば次のような事柄を考えればすぐに分かる。ある人が罪を犯したとする。その罪に罰を考える時、どのような事情があり、どのような経緯で罪を犯すに到ったのかを私たちは（裁判などの過程で）知ろうとする。そうした事情や事実を「知る」ことによって、犯された「罪の重さ」を量ろうとするわけだ。それはつまり、「知（事実の認識）」を「徳（善悪の判断）」の判断を行う参考とすることである。もう一つ例を挙げよう。核兵器の使用を禁止し、その廃絶を求める主張は、そうすることが「善い」と判断しているという意味において道徳的主張である。しかしこの道徳的主張に個人が共鳴するか否かは、その個人がもっている核（兵器）に関する「知」のあり方に依存している。例えば核エネルギーの優れた点についての知識だけをもち、核兵器が使用された場合に起こる惨劇についての知識をまったく欠いている人がいたとしたら、そうした人は核廃絶の主張になかなか賛同しないだろう。だからこそ、核廃絶を主張する人々は核兵器のもたらす悲惨さを繰り返し強調し、人々に伝えようとするのだ。ここでも「知る」ことと道徳的判断とはきわめて密接につながっていることが分かる。

私たちはなぜ、子どもたちに道徳的判断の力を育てたいのだろうか。後の論点と重なるが、私はその理由の大きな部分を占めるものに、子どもたちが近い将来に主権者になるという事情があると思う。彼女ら／彼らの道徳的判断の水準は、近い将来のこの国・社会のあり方に影響を与える。上に例として挙げた核の問題だけではなく、戦争と平和の問題をどう考えるのか、エネルギーはどうするのか、環境問題にどう立ち向かうのか、差別や抑圧をどう乗り越えるのか等々、現在の子どもたちは近い将来に数多くの道徳的難題に（私たちとともに）向き合い、何らかの判断を─主権者として─下さなければならない立場におかれる。

さて、そのような主権者としての判断に際し、その時々の「心情」だけで判断してもらいたいだろうか？　心情の問題に偏した道徳教育は、そのような判断の際に子どもたちを助けてくれるだろうか？　道徳の問題を心情の問題と見なすなら、そのような道徳教育によって育てられる力は極めて範囲の狭いものにとどまるのではないか。

また、実践的に考えても、道徳を「心」の領域にあるものと見なすことは、逃れがたい困難を引き起こすことになる。道徳の時間における教室での子どもたちの発言が、「心からの」ものであるということを私たちはどのように確かめることができるだろうか。子どもたちが皆、明らかに表面的に、教材の呈示する「価値」を肯定する時、それが本心ではないと教師が捉えたとして、それ以上の指導はどのように可能だろうか。さらに、私たち自身を含めて、「心」は意のままに変更したり修正できるものではない。仮に「明るく笑顔で」過ごすことが望ましく快適だとして、つらいことや嫌なことがあった時、気がかりな悩み事が気持ちに張りついている時、頭では分かっていても、どうしても「明るく」なれないのが「心」である。道徳教育において求められる「心」を子どもが持てない時（与えられた物語教材にどうしても感動できない、など）、教師はその子どもの「心」に問題があると捉えるべきなのだろうか？　そのような場合には、果たしてどのような「指導」が可能だろうか？

つまり、「心」は取り出すことも見比べることもできず、本人自身も含めて、その有り様を確かめ、操作することが困難なものなのである。これを直接に教育の対象とすることは不可能だろう。だとしたら、あるべき道徳教育の基本原則としておさえるべき第二の点は、心情主義に陥らず、知性と結びついた道徳教育でなければならない、ということではないだろうか。

「心」に直接届くものとして、「感動」が強調されることがある。そこから、子どもたちにとって「感動的な」物語が道徳教育において読み物教材として用いられることが多い。しかし、多くの子どもにとっていかに「感動的」であろうと、つくりものの道徳説話から学べることは少ないのではないか。

例えば、日本の学校道徳教育で用いられる読み物教材の典型として、「手品師」という物語がある。貧しい手品師が、一人の少年との約束を守るために大舞台に出演するチャンスを犠牲にする決断をする、というものであり、学習指導要領の「価値項目」のうち「誠実」という価値を学ぶ教材、ということになっている。この教材と、それを用いた心情主義的な道徳教育実践への批判は、すでに多くの研究者（たとえば松下良平(3)や柳沼良太(4)）によってなされているので、本書でそれを繰り返すことはしないが、この物語における主人公の決断は、冷静に考えれば疑いえない「善」ではない。少年との約束を延期するために何とか少年と連絡をとろうと努力することも可能だし、成功のチャンスを大切にして少年との約束を破ることも状況や文脈によっては―例えば手品師にその生活を苦労して支え続けてきた妻がいたらどうだろう―「悪」とは言い難いからである。しかし、そうした背景的な状況や文脈は不明なまま、少年との約束を守ることだけが「誠実」であるという結論が、この教材を用いた授業では採用される。物語が感動的であるほど、子どもたちは「別の可能性」を考えることができなくなる。さらにそれがフィクションであれば、仮に子どもたちが別の可能性を考えたとしても、物語の背景に遡って事実関係を調べることはできない。

むしろ、題材を事実（現在の問題でも歴史上のことでもよい）にとり、事実関係を徹底的に調べ、知った上で価値的な判断を行うことを重視するべきではないだろうか。その中で、「善悪」の判断に「知ること」が影響を与えること自体を子どもたちに経験させることができるのではないか。

また、題材を歴史上の事実にとった道徳教材（歴史上の逸話や偉人伝の類い）でも、指導すべき「価値」に沿って好都合な事実のみを様々な事実のうちから選択的に取り出し、子どもたちが「脱線」することなくそうした「価値」に誘導されるように構成されているものも散見される。

たとえば、文部科学省作成の道徳教材である『私たちの道徳』には、エルトゥールル号遭難事件に関する「読み物」がある。(5) 確かに、この教材は嘘を書いているわけではなく、史実に基づいたものではある。一八九〇年に、和歌山県沖で遭難したトルコ（オスマン帝国）の軍艦エルトゥールル号の遭難者たちを、和歌山県串本町の人々が救出した事件である。串本の人々が異国の遭難者の救助に自らを省みず奔走した話は感動的である。この読み物は「日本人としての自覚をもって世界に貢献する」という単元に置かれているので、この教材を通じて、「昔の日本人は偉かった」「世界に誇れるすばらしいことをした」ということを伝え、「わが国に誇りをもつ」という「心情」を獲得（？）させるのが教材の意図だろう。なお、同じ逸話を扱った読み物教材は、和歌山県教育委員会が作成した県独自の道徳教材にも収録されている。(6) この場合、指導すべき価値は「郷土に誇りをもつ」ということになるのだろう。だが、この教材を通じて、一九世紀末─明治中頃─の日本と日本人について、国外の人々にも暖かく接した「誇るべき」人々であった、と認識するとしたら、それは正しいだろうか。

エルトゥールル号遭難事件が起きた一八九〇（明治二三）年は、大日本帝国憲法制定の翌年であり、教育勅語が出された年だ。そのわずか四年後、一八九四年には近代日本の戦争の歴史の幕開けとなる日清戦争があり、最初の植民地となる台湾領有につながっている。串本で人々がトルコの遭難者たちを懸命に助けたほぼ同時代に、同じ「日本人」は大陸への侵略の第一歩を印し、植民地支配に抵抗した多くの台湾の人々を虐殺している。もちろん、私はそのことについて串本の人々に特段の責めがあると言いたいのではないし、その行いを貶めようというのでもない。言いたいのは、歴史的知識をもって全体を見ようとすることにより、「日本人」の善悪といった一般化が妥当性を欠くことが見えてくるのではないか、ということである。同じ人間が善い行いをすることもあれば悪い行いをすることもあるが、それ以前に、「日本人」などという恣意的で大まかな括り方で「善い／悪い」を論ずること自体が無意味である。そのことに気づく道を塞ぎ、「国（郷土）に誇りをもつ」ために好都合な史実のみを「感動的な実話」として教えるならば、それは結局、衡平を欠いた独善的なナショナリズムを育てることにつながってしまうのではないか。

心情主義的な道徳教育は、扱われる題材が感動的であればあるほど、冷静な疑問をもつ機会を奪ってしまう。「日本人は道徳的で偉い」という、少し考えれば意味がないことがわかる命題（偉くない日本人もいくらでもいる）も、感動的な教材で子ども期の心情にすり込まれれば、いつの間にかその人の「信念」になってしまうかも知れない。そのような「毒」に対して解毒剤になり得るのは、冷静な事実の認識と論理的な思考だろう。心情主義を超え、「知る」ことを位置づけることが、道徳教育においても重要なのである。

三、道徳教育を通じてどのような力を育てたいのか

ここであらためて、なぜ道徳教育が必要なのか、そこで何が教えられるべきなのか、という点を積極的に確認しておきたい。

既にふれてきたことだが、①私たちの社会には道徳的な未解決問題が山積しており、現在の子どもたちは近い

将来に市民（主権者・生活者）としてそれらと向き合わざるを得ない、②その際、「知」を判断材料とすることは重要であるが、価値判断を含む問題は「知」のみを根拠に判断することはできない、という二点をおさえておきたい。二点目について補足すれば、前項で述べたように、事実認識（知）は道徳的判断（徳）に影響を与えるし、これまでの道徳教育のなかで軽視されてきただけに今後は両者のつながりを位置づけることが重要であるが、それでもやはり両者は同じものではない、ということである。同じ事実認識をもつ人が、異なった道徳的判断をすることは珍しくない。そこでは「真」についての認識ではなく「善」についての判断が異なっているのである。

この「善」についての市民としての判断力（＝「何がよいことか」「どうあるべきか」「どうすべきか」を自分で考える力）を育てるのが道徳教育である。特定の価値を「善」であると決めて直接子どもに教えようとしては、子ども自身の判断力は育たない（徳目主義の否定）。「感動」を利用して心情を育てようとすることも、冷静な批判的判断力を育てることの、むしろ障害である（心情主義の否定）。ではどうしたらいいのだろうか。二つのことを提案したい。

一つは、「直接」教えるのではなく、私たちが望ましいと考える価値に子どもたちが自ら触れることができる「経験」を組織するということである。ここで「経験」というのは、「教室を出て活動する」という意味に限定されない。もちろんそうした活動も含まれ得るが、他方、本を読むことも、意見を言うことも、他者（友だちや教師）の意見を聞くことも、話し合うことも、全て「経験」である。例えば「誠実」という価値を経験するということは、それを概念として知的に理解することではなく、約束を守る／破る、守られる／破られる経験─直接の経験も、他者の経験を聞くことや読書を通じた間接的経験も含む─を通じて、子どもたちが「誠実」とは（また「不誠実」とは）どのようなことかを自分に引きつけて味わっていくことである。

二つは、価値を教え込んではいけないとは言え、これまで人類が到達してきた道徳的合意の産物を全く無視することも適切ではない、ということだ。徳目主義の項で論じたように、すでに成立している道徳的合意は確定的なものではないし、数学における「真」のように揺るぎないものでもない。だが暫定的な（仮説的な、と言ってもよい）ものとして「これまでの人々はこう考えてきた」ということは、子どもたちの状況を見ながら必要に応じて紹介されるべきだし、その意味で「教えられる」べきである。

私たちが現にもっている道徳的合意の成果のうち、普遍性を有するものとは何だろうか。私はその代表的なものとして、憲法や国際人権条約（世界人権宣言や国際人権規約、子どもの権利条約ももちろん含まれる）があると考える。民主主義的（少なくともそれを標榜する）諸国家の憲法には基本的人権が列挙されているが、その内容には共通する部分が多い。これらは世界史の中で、抑圧された人々の様々なたたかいを通じて獲得され合意されてきた、相当に普遍的な道徳的合意の成果である。国際条約として現に批准されているものもそれにあたることは言うまでもない。これらを暗記させたり一方的に「学習」させたりするべきだというのではなく、時々に子どもたちが経験のなかで出会う道徳的葛藤や価値の対立において、解決や合意の方向を考える上で参考になる考え方として、折を見てこれらを提示することができる、ということである。その際、「権威ある文書」「批准された条約」「有効な法」だから「正しい」のだ、という教え方をしてはならない。そうではなく、「現在までの大人たちはこのように考え、このように合意してきた」という到達点として提示し、子どもたちもそう考えるかどうかを問うていくことが適切だろう。

四、道徳教育の目的は学校の秩序維持ではない

道徳教育の目的が、市民としての自律的な判断力を育てることにあるのならば、最後に触れておきたいもう一

つの原則がある。それは、道徳教育は学校の既存の秩序維持をめざすものではない、ということである。

第四章で論じたように、一九七〇年代以降の日本の学校で道徳教育が受け入れられていった背景には一方で「非行」「少年犯罪」をめぐるモラルパニックがあり、他方で「新しい教育問題」と呼ばれる現象―学校の権威が相対的に低下し、子どもたちが言うことを聞かなくなる―があった。つまりそこでは、多かれ少なかれ「言うことを聞く」「よい子」を育てるものとして道徳教育が捉えられていた可能性がある。単に現象的に「学校を落ち着かせる」ことが、現場レベルで道徳教育の目的とされるとしたら、そうした道徳教育が育てようとする価値は「権威への従順」「現存秩序の維持」といったことになるだろう。しかしそれは、民主主義社会における主権者＝市民に必要な価値だろうか。「言うことを聞く」人間を育てることと、「自律的に判断する」主体を育てることは、端的に矛盾するではないか。

子どもたちがその時に可能な範囲で自ら考え判断することを、道徳的判断力を獲得する上で必要な経験として奨励するとすれば、当然そこには「間違い」も発生する。友だちとの葛藤や、ルールからの逸脱も発生する場合があるだろう。それらを力で（いわゆる「有形力」であれ、権威や賞罰の力であれ）コントロールしてしまっては、子どもたち自身の考える力を育てることにはならない。もちろん学校生活のなかで緊急的に力によってでも介入・制止しなければならない場面はあろうが、こと道徳教育の文脈においてはそれは望ましいことではない。むしろ道徳教育の時間は、道徳問題について自由に考えることが許される場でなければならないのだから、現存する規範や規則もまた「疑い得る」ものとして扱わなければならず、その意味で秩序が一時的に執行停止され、「カッコに入れられる」場でなければならない。

加えて、今日の学校の様々な秩序（習慣や規則）には、人権や自由、平等、民主主義といった価値から考えた時、必ずしも望ましくないと思えるものも多々ある。子どもたちがそれらの秩序と接する時、道徳に関する自律的判断力をもっている子どもほどそこに疑問をもち、居心地の悪さを感じ、時に逸脱するといったことが起きるだろう。だが、そうした事態は「矯正すべき問題」なのではなく、道徳教育の好機である「問い」を子どもが発している、と捉えるべきではないか。それらの「問い」を入り口に、なぜそのような秩序があるのかをともに考え、場合によっては秩序の方が変更を求められる（ルールや習慣の変更）ことも起きてよいし、むしろそうした経験こそが、市民的な道徳性の重要な内容として積極的に位置づけられるべきだろう。

注

（1）この点で、オスカー・ブルニフィエ著『こども哲学　よいこととわるいことって、なに？』（朝日出版社、二〇〇六年）は興味深い。子ども向けにつくられた同書は、「おなかがへったら、どろぼうしてもいいとおもう？」といった問いに対して「だめ」「いいかも」「やっちゃうかも」などの様々な考えを理由とともに示し、「盗むことは悪い」という「徳目」を、「それが決まりだから」といった単純な理解を超えて考えさせるつくりになっている。章の終わりには、その問題について考えることがどのような問題につながっているのかも示される。「盗むこと」をめぐっては、「この問いについて考えることは、つまり…」として、「世界のあちこちにある不公平と、きちんと向きあうこと」「法律はカンペキじゃない、変えることもできるんだ、って知っておくこと」など、より発展的な問いや考察に読む者を誘っている。徳目主義を超える道徳教育を考える上で大いに参考になると思う。なお、同書を教材として用いた小学校道徳教育の実践事例として、玉置嘉朗「「これでいいの？」子どもたちが本音を語らない道徳」、和歌山県国民教育研究所『わかやまの子どもと教育』第五九号、二〇一六年。

（2）たとえば、『心のノート』小学校五・六年版には見開きで「「ありがとう」って言えますか？」と大書されたページがあり、その下に「はい」と「いいえ」の「ボタン」が提示されている。「いいえ」を選ぶのが望ましい「答」

だと考える子どもはいないだろう。

（3）松下良平『道徳教育はホントに道徳的か？』日本図書センター、二〇一一年。

（4）柳沼良太『「生きる力」を育む道徳教育　デューイ教育思想の継承と発展』慶應義塾大学出版会、二〇一二年。

（5）「海と空―樫野の人々―」、文部科学省『私たちの道徳（中学生版）』二二〇ページ。

（6）「つなぐ思い―エルトゥールル号―」、和歌山県教育委員会『希望へのかけはし』二四ページ。

第七章　ジャン＝ジャック・ルソーの道徳教育論

西洋教育思想の文脈で道徳教育を論ずるとき、まず外すことのできないのはジャン＝ジャック・ルソー（Jean-Jacques Rousseau, 一七一二〜一七七八）の教育論であろう。

ルソーは広範な分野に影響を与えた思想家である。『社会契約論』において民主主義を概念的に定式化するとともに、『人間不平等起源論』で当時の社会体制が人々の間に不自然な不平等を打ち立てていることを鋭く批判し、それらの著作が同時代に与えた影響から、「フランス革命の予言者」とも言われる。教育思想については、一七六二年に出版された『エミール　あるいは教育について』が最も体系的にルソーの教育思想を表現したものである。同書は架空の少年エミールを主人公とする小説の形式をとっており、作中人物の教師ジャン＝ジャックが、幼児期から成人するまでのエミールを両親からも引き離した田舎の生活環境のなかで育てていく物語である。言うまでもなく、「ジャン＝ジャック」とはルソー自身をあらわす登場人物であり、つまりルソー自身の教育についての考えを、作中人物のジャン＝ジャックがエミールを対象に実践するということになる。

この中で、思春期以降のエミールの教育において要となるのが道徳教育である。その特徴については後に論ずるが、その前に重要な論点として、ルソーが思春期になるまでは道徳教育を行うべきでないとしている点を確認し、その理由をおさえておきたい。そこには、ルソーの教育論の要とも言うべき「消極教育」の発想が密接に関わっており、さらに「消極教育」とは、ルソーの思想全体を貫く「自然」をよきものとする理念から導かれるものである。直接に道徳教育を論ずる前に、この点をやや詳しく確認しておくことが、道徳教育論の諸原則をおさえる上でも有益だろう。

一、「自然」に従った教育―消極教育―

ルソーの思想は、しばしば「自然に帰れ」という主張に要約されることがある。これに対し、ルソー自身はその著作のどこでも「自然に帰れ」という主旨のことは述べていないという反論もある(1)が、いずれにしてもルソーが「自然」を良きものとして称揚したことは間違いがない。『エミール』において展開される教育論においてもそれは例外ではないが、ここでルソーが「自然」という言葉で意味しているものの内容については注意が必要である。「自然」という言葉自体は様々な事柄を指すことがあり得るが、ルソーが教育論において重視する「自然」とは、例えば「都会」に対置されるものとしての「自然」、手つかずの自然環境といった意味ではない。ルソーは少年期のエミールを都会の生活環境から引き離し、田舎の自然環境の豊かな土地で育てるため、そこで重視される「自然」もそのような意味に取られることがあるが、同書を丁寧に読めばそうではないことは明らかである。

ルソーは『エミール』冒頭で、次のように記している。

「教育を私たちにさずけるのは、自然か、人間か、事物かである。私たちの能力と器官の内的な発達は、自然の教育である。この発達をどう利用するか教えるのは、人間の教育である。そして、私たちに働きかける物についての私たち自身の経験から得られるのが、事物の教育である。(2)」

ここでルソーは「教育」という言葉も広い意味で用いており、人間の成長に影響を与え、成長のあり方を規定するものを一般に「教育」と呼んでいる。そのような広い意味において人間に「教育」を与えるものとして、「自然」「人間」「事物」という三者を挙げているわけだ。そして、「自然」が人間を「教育」する、すなわちその成長のあり方に影響を与えるとはどういうことだろうか。引用の中で、ルソーは「私たちの能力と器官の内的な発展は、自然の教育である」と述べている。つまりここで「自然」とは、人間以外の、人間の外にある「自然」を指すのではなく、生物としての人間の内的な自然、生理的現象を指しているのである。そして、生理的な意味における「器官」や「能力」の発達が比喩的に「自然の教育」と表現されているのである。これに対し、そのような生理的な成熟や成長によって獲得された能力を、何にどのように用いるのかを人間が教えることが「人間の教育（人間による教育）」、子ども自身が様々な事物との関係でもつ経験から学習すること（例えば火に触れて熱い思いをして、「火は熱い」ということを学習するなど）が「事物の教育」とされている。「自然」「人間」「事物」という「三人の教師」によって子どもは教育を受けることになる。

さらにルソーは続ける。

「それぞれ互いに矛盾しているような教えをさずけられる生徒は、悪い育てかたをされ、けっして首尾一貫した人間にはなれない。それらの教えが一点にあつまり同一の目的をめざしているような生徒だけが、その目標に到達し、首尾一貫した生をおくることができる。こういう生徒だけが善い育てかたをされたのである。(3)」

「三人の教師」がバラバラに、方針やタイミングを合わせずに子どもに影響を与えたら、その子どもの教育はうまくいかないだろう、ということである。ではこの「三人」はどのように協力することができるのだろうか。

「この三種類の教育のうち、自然の教育は私たちの力では左右できない。事物の教育はある点においてだけ私たちに左右できる。人間の教育だけが真に私たちの支配できるものなのだ。
三つの教育の協力が教育の完成に必要なのだから、私たちがいかんともしえないものに合わせて他の二つを導いてゆかねばならない。(4)」

三者のうち、「自然の教育」は、そのタイミングを意図的に早めたり遅くしたりすることができない。したがって、残りの二者、つまり「人間」と「事物」が、「自然」＝子どもの生理的成熟のタイミングに合わせて、教育の内容や方法を工夫しなければならない、ということになる。「人間の教育」は、確かに何を、いつ、どのように教えるかを調整することができる。また「事物の教育」は子どもがする経験であるが、これも教育者たる人間が子どもの環境を調整することによって、ある程度コントロールすることができる。(5)

このように、ルソーの言う「自然に従った教育」とは即ち、子どもの生理的成熟のタイミングを待って、それにふさわしい教育を行う、という謂である。この原則から、ルソーはさらに次のように展開する。

「ここで私は、全教育中の最大の、もっとも主要な、もっとも有益な規則を述べていいだろうか。それは、時をかせぐことではなく、時を失うことだ。…人生のもっとも危険な期間は出生から一二歳までの時期である。それは、誤謬と悪徳とが芽生えるのに、これを絶滅するための道具をまだもてない時である。…子どもの魂がその全能力をもつようになるまでは、この魂をつかってなにもしないようにせねばならない。…

初期の教育は、だから、純粋に消極的であるべきである。それは、徳や真理を教えることにあるのではなく、心を悪徳から、精神を誤謬から保護することにある。あなたがたが、なにひとつせず、なにひとつさせないですませるなら、あなたがたの生徒を……一二歳まで健康で丈夫に導いていけるなら、あなたがたの授業の一時間目から、彼の悟性の眼は理性に向かってひらかれるであろう。なんの偏見もなく、なんの習性もないから、生徒は、あなたがたの配慮の効果を妨げるものをなにひとつもっていないであろう。(6)」

この部分が、ルソーの教育思想の要として「消極教育」が定式化された部分である。

「時をかせぐこと」とは、時間を無駄にしないために、できるだけ早く、できるだけ多くのことを子どもに教えようとすることを意味するだろう。幼い時期から積極的に教育を与えた方が効果的であるという考え方は今日でも早期教育の主張が途絶えないように、広く常識として流布してきたものであり、ルソーの時代にもそうした傾向はあったのだが、ルソーはそれとは正反対に、「自然の教育」が行われて、子どもの側が「人間の教育」を受ける準備が整うまでは、「時を失うこと」「なにひとつさせず、なにひとつさせないですませる」ことこそが重要だと述べているわけである。子どもの生理的な発達を見定め、教育の内容について子ども自身が思考したり理解したりすることが可能になるまでは、無理にその内容を教えようとしてはならない、という意味に受け取ることができるだろう。

そして、本書との関係では、この引用の中でルソーが主に考えている教育の内容が、「善悪」や「徳」に関するもの、つまり道徳教育である点が特に重要である。

引用文中に一二歳という具体的な年齢が出てくるが、一八世紀のヨーロッパにおいて、一二歳を人間の「理性年齢」、つまり自らの理性をもって、自律的に思考し判断することが可能となる年齢とする認識が一般的であった。そのため、この引用でルソーが述べているのは消極教育の一般的な原則だけではなく、子どもが自ら理性を用いることができるようになるまでは、道徳（善悪の判断）について先入観や固定観念を与えるような一切の教育を行うべきでない、という、道徳教育に関する具体的主張でもあるのである。なお、ルソーがエミールを都会から引き離して育てようとするのも、都会（パリ）の生活環境の中では子どもが貴族や富裕者たちのきらびやかな生活や物質的豊かさに触れてしまい、そこから「羨望」や「嫉妬」、あるいは「出世欲」といった（ルソーからすれば）「悪徳」や「誤謬」を得てしまう危険があるからである。

もちろん、ルソーの時代に今日のような発達心理学の蓄積があったわけではない。ルソーは『エミール』の中で、「人は子どもというものを理解していない。それについて誤った観念をもっているので、これをふまえて前に進めば進むほど、道に迷ってしまう(7)」と述べ、より成熟した教育の理論化のために、子ども研究の必要性を強調してもいる。しかし、この一二歳＝理性年齢という捉え方は、当時の人々が経験的に把握していた子どもの発達の一般的様相として、それなりに的を射ているのではないかと思う。今日、子どもの脳が成熟して、いわゆる抽象的思考が可能になるのが、平均的には一〇歳前後と言われる。これがルソーの言葉で言えば「自然の教育」によって規定される、子どもが抽象的な問題について思考可能となるタイミングである。発達には当然個人差があるし、脳が獲得した能力を子どもがそれなりに使いこなすようになるためにも一定の時間がかかるとすれば、抽象的問題について大多数の子どもが意見を形成したり、それに基づいて議論したりできるようになるのは一二歳頃と考えても、科学的知見と大きく隔たりはないだろう。

善悪や徳といった事柄が、一般的に語られる限り、それはきわめて抽象的な問題であることは言うまでもなかろう。したがって、ルソーの教育思想から今日の道徳教育が示唆を得る点があるとすれば、まず第一に、一二歳までは子どもに「善」や「悪」の問題を直接提示すべきでない、ということになろう。それらを提示しても、肝心の子ども自身にはまだ、それらについて考えたり判断したりする力が備わっていないからである。そのような段階の子どもに、大人が「徳」を教えて、子どもがそれを反復するようになったとしても、それは教えようとした価値観そのものを納得してのことではなく、単に大人への信頼、あるいは大人への従属から、大人の考える「徳」を鵜呑みにしているに過ぎない。

もちろん、このような主張には積極的な反論が容易に予想される。もっとも尖鋭的に、ルソー的消極道徳教育論と対立するのは、おそらく「しつけ」としての道徳教育論だろう。子ども自身が考えず、判断できない段階で、つまりできるだけ幼いうちに、「習慣」あるいは「習性」として教え込まれた（あるいは訓練された）ことこそが、よりよく定着するという発想である。

〇八年の学習指導要領改訂では、道徳の時間の指導内容として、小学校低学年から「きまりを守る」ことが従前よりも強調されるようになったが、その背後にはこのような発想があるのではないか。確かに、強制であれ幼少期に身につけられた「習慣」はなかなか拭い去られず、成人期までを通して、その人の性格形成に影響を与える。その意味では、幼少期の「しつけ」としての道徳教育は、確かに効果的ではあろう。

この両者の対立をどのように考えればよいのだろうか。筆者は、ルソーの主張する消極教育と、早期からの「しつけ」としての道徳教育論を、単純に二者択一の対立と捉えるよりも、むしろ両者を対比することで、それぞれが暗黙のうちによしとしている道徳観の違いを確認することが重要であるように思う。ルソーの前提となっているのは、道徳とはある個人のなかで、その人自身の自律的な思考や判断によって「よし」とされるに至るべきものだという道徳観である。これを自律的な道徳と言い換えてもいいだろう。他方、「しつけ」論が前提としている道徳は、個人の思考や判断以前に、強制的に習慣化されるべきものであり、他律的道徳と言うことができる。

他律的な道徳が全て否定されるべきものであるか、と言えば、そこまでは言い切れないだろう。子ども自身や周囲の者の生命や健康、安全を守るために、理解以前に習慣化すべきこと、例えば自己破壊的な行為や暴力の否定、といったことは「しつけ」として早期に習慣化される必要が、幼児期にもあるかも知れない。(8) だが、現状ではむしろ、ここで言う自律的道徳と他律的道徳との区別が明確に自覚されないまま、全てを「しつけ」論の文脈で早期から教え込もうとするか、それらを全て否定するかという二者択一になっていないだろうか。そして、「しつけ」論が肯定されるべき、つまり他律的であっても幼児期から獲得されるべき習慣は、筆者の考えではそれほど多くはないようにも思われる。

たとえば先に挙げた「きまりを守る」ことが幼少期から習慣化されるならば、その副作用として、「きまりを疑う」「きまりについて考える」力は弱められるだろう。「しつけ」としての早期道徳教育は、子どもたちに思考し判断する力が育っていないことをこそ、道徳教育を行うべき積極的理由と見なしているのだから、そこで育つのは、批判的な思考をくぐった上での、ルールを守ろうという自律的判断ではない。単にそれが「きまり」であるからという理由で、それに違反することを忌避するようになるような「習慣」である。教育の成果として意図される人間像が、従順で従属的な「被治者」であるならば、「しつけ」として「きまりを守る」ことを教えるのも筋が通るだろうが、主権者として法を批判的に吟味し、立法過程にもその運用にも（選挙や市民運動を通じて）関与するべき市民を育てようとするならば、むしろ「きまり」についての教育はルソーの消極教育の原則にしたがって扱われるべきではないだろうか。

私たちは子どもたちにどのような人間に育ってほしいのか、子どもたちが将来築き上げる社会はどのような社会であってほしいのか、そのような判断を踏まえた上で、そこから次に、何は他律的であっても身につけさせなければならないのか、何は自律的な思考を経て子どもたち自身が選び取るべきなのか、教育者はその区別を自覚的に行うことが必要である。そして前者は幼少期から身につけさせるべきであるとしても、後者に含まれる事柄は、子どもたち自身の考える力が十全に育つのを待った上で―早くとも一〇歳＝小学四年以上で―提示されるべきであろう。

二、道徳の源泉としての「ピティエ pitié（あわれみ）」

さて、消極教育の原則にしたがって道徳教育が避けられるべき年齢が過ぎた時、ルソーはどのようにエミールの道徳教育を行おうとするのだろうか。ここではそれを理解するために、まずルソーは道徳をどのようなものと考えていたのかを確認したい。

ルソーの時代、一八世紀のヨーロッパにおいては、「道徳とは何か」という問いが多くの哲学者によって論じられていた。それは、永くカトリック教会によって保持されてきた宗教的な道徳の権威が弱まりつつあったことの反映である。したがって多くの思想家が、宗教的なそれとは異なる原理によって、道徳を基礎づけることを試みたのであった。これが今日の欧米の道徳哲学の発祥であると言ってもいいだろう。

そうした状況の中で、宗教的原理以外で道徳を基礎づけ得る最も有力なものと捉えられていたのが、人間の「快」を求める傾向であった。ルソーと同時代のフランスの哲学者で言えば、ヴォルテールやエルヴェシウスの道徳思想をそのようなものとして挙げることができる。(9) また、イギリスで同時代に道徳哲学を展開したのがアダム・スミスであるが、スミスの道徳論もまた、利己的かつ合理的なものと前提された個人が、自己の利益を最大化するために、自己と他者の利害を公平な観察者の立場に立って捉え、他者も納得するようなものに自己の要求を調整することを「道徳」の発生理由と捉えるものであった。(10) 人間は利己的な存在であるが、しかし自らの「快」や「利益」を追求する過程で、道徳的にならざるを得ない、というのである。

ルソーの道徳思想は、こうした当時の主流の道徳哲学に対して、大胆に異論を提示するものである。そこでは、「快」ではなく「苦」が、また、合理的な利益追求ではなく本能的な他者との共鳴が、道徳の源泉であるとされる。

その際鍵となるのが、従来「あわれみ」あるいは「あわれみの情」と訳されてきた、ピティエ pitié という概念である。ただ、以下に見るように、日本語の「あわれみ」という言葉がもつ、不遇な者への（自分は不遇でない立場からの）憐憫、といったニュアンスは、少なくともルソーのピティエの概念には含まれていない。本書では以下あえて、そうしたニュアンス上の誤解を避けるために、カタカナで「ピティエ」と表記することにする。

『人間不平等起源論』において、ルソーは次のように述べている。

「ある種の状況において、人間の自尊心のはげしさをやわらげ、…自己保存の欲求をやわらげるために、人間に与えられた原理であって、それによって人間は同胞の苦しむのを見ることを嫌う生得の感情から、自己の幸福に対する熱情を緩和するのである。…私はピティエのことを言っているのであるが、…それは人間が用いるあらゆる反省に先立つものであるだけにいっそう普遍的な、またそれだけ人間にとって有用な徳であり、そして時には禽獣でさえもそのいちじるしい兆候を示すほど自然的な徳である。(11)」

ここから、ルソーの言うピティエとは、第一に、人間が「同胞の苦しむのを見ることを嫌う」感情であることがわかる。そして第二にそれは、教育や経験、成長の成果として獲得されるものではなく、「生得の感情」であり、「あらゆる反省に先立つ」ものである、という。同書の別のところでも、ルソーはこの感情に触れ、「主としてわれわれの同胞が滅び、または苦しむのを見ることに、自然な嫌悪を起こさせるもの」であり、「理性に先立つ原理」であると述べている。(12)

第一の点から考えてみよう。私たちは「同胞が苦しむのを見ることを嫌う」傾向を持っているだろうか？　確かに持っている、と言えるのではないか。たとえば私たちは、映画やＴＶを（フィクションでもドキュメンタリでも）見ている時に、残酷なシーンからは思わず目を背けたりする。それはなぜだろうか。起こっているのは画面の中のことであり、そこで苦しんでいる（あるいは苦しんでいる演技をしている）人は私たち自身でも、近親者でもない。それでも、人が痛い思いや辛い思いをしているのを見ることを好まない傾向を私たちは持つ。もちろん、そうした感覚には個人差もあろうし、残酷なシーンを（恐怖映画やいわゆるスプラッタなどで）好んで見る人もいる。その点については後に触れるが、ここではまず、一般に他者の苦痛を見ることを嫌う傾向が私たちにあるとして論を進めたい。

第二の点に関わってくるが、たとえば遺体や生傷といった映像から私たちが目を背けるのはなぜだろうか。ルソーに沿って考えれば、それは思考の産物でも文化的タブーの影響でもなく、生得的なもの、「禽獣でさえもその…徴候を示す」、つまり本能的なもの、ということになる。

野生動物について考えると、ピティエの意味は以下のようなことになるのかも知れない。自分と同種の動物が死んでいる、あるいは怪我をしている状況というのは、つまり自分にとっても何らかの危険（敵）が存在する状況である。そのような状況を避ける本能をもっている方が、もっていないよりも生き残る確率が高くなると考えることができる。結果、ルソーの言うピティエを持っている種の方が生存確率が高まり、子孫を残し繁栄する可能性が高くなる。こうした進化論的な考察がどれほど的を射ているのか、その分野の専門家でない筆者には分からないが、そのように考えることで一応、人間にも本能としてそうした傾向が備わっている可能性がある、ということを論理的に仮説することはできるだろう。ルソーはおそらく、ピティエをそのようなものとして考えているのである。

動物の例を離れて再び人間について考えてみよう。残酷なもの、痛そうなものから、それは他者について起きていることであり、自分自身は痛くないのだが、それでも目を背けてしまうのはなぜだろうか。例えば他者が怪我をする場面などで（今度は現実の場面でもよいが）、私たちは思わず「痛い！」と言ってしまうことがある。そうした経験のある方（少なくないと思うのだが）は思い出していただきたいのだが、そういう時私たちは、考えてそのように言っているだろうか。むしろ、考えればそれは自分に起きていることではないのだから、自分が「痛い！」と発言するのは明らかに不適切である。しかし私たちは、他者の痛みを目撃した時、考える前に、つい「痛い！」と叫んでしまう。つまりそこでは、瞬時のうちに、私たちは他者の痛みを自らの痛みとして感覚するような、ある種の錯覚を起こしているのである。この錯覚（否定的な意味でこの言葉を使っているのではない）こそが、ピティエである。言い方を変えればそれは、他者の痛みを自らの痛みとして感じる能力、と言ってもいいだろう。

ルソーは、この本能的な能力としてのピティエをこそ、人間の道徳性の源泉であり、人間が道徳的な存在になり得る根拠であると捉えている。

三、「共苦」の感覚を育てる

思春期を迎えたエミールに、教師ジャン＝ジャックによる道徳教育が始まる。だがもちろん、ルソーの描く教師はエミールに特定の徳目を提示したりはしない。次の引用にルソーの道徳教育の基本的な方法が描き出されている。

「幸福な単純さのうちに育てられた若者は、自然の最初の衝動によって、やさしく愛情にみちた情念をもつようになる。同情にとむ彼の心は、同じ人間の苦しみに動かされる。…青年期は復讐心や憎悪の年齢ではなく、共苦

（commisération）の、仁愛の、寛容の年齢なのだ。…

人間を社会的にするのはその弱さである。私たちの心に人間愛をいだかせるのは、私たち人間に共通の苦しみ（misères communes）なのだ。…

…私たちに共通の欲求が利害によって私たちを結びつけるとすれば、私たちに共通の苦しみは愛情によって私たちを結びつける。幸福な人を見ると、他の人々の心には愛よりもむしろ羨望の念が起こる。…ところが、目の前で苦しんでいる不幸な人を憐れまないものがあろうか。(13)」

本能として子ども（若者）が持っているはずのピティエに依拠し、しかしそれを現実の人間社会で通用する道徳に発展させるために、ルソーはエミールに「苦しんでいる不幸な人々」の姿を見せようとする。そのように社会的な道徳心として発展したピティエとして、この引用中に用いられている「共苦 commisération」という言葉を理解したい。com は「共に」という意味をもつ接頭語であり、misération（英語で言えば misery）は苦痛、不幸、悲惨さ、窮乏などを表す仏語である。他者の苦しみを共に苦しむことが「共苦」という感情である。また同引用中には「私たち人間に共通の苦しみ」という表現も出てくるが、「共苦」において共有される苦しみは、本能的な意味でのピティエにおいてそうであったような、肉体的な苦痛や死だけではない。同じ社会に生きている人間に訪れるかもしれない苦、たとえば貧困や抑圧、差別といったことが考えられている。こうした感情を育てることで、苦しい生活を強いられていた当時の一般民衆に対する共感と愛情をエミールの中に育てるのが、ルソーの道徳教育なのである。

「一六歳になれば、青年は苦しむとはどういうことかを知っている。自分自身苦しんだことがあるからだ。…感覚が発達しはじめることで、彼のうちに想像力の火が燃えだすと、彼は自分と同じ人間のうちに自分を感じ、彼らの憐れさに心を動かされ、彼らの苦しみを自分も苦しむようになる。そのとき、苦しんでいる人類の痛ましい光景が、これまで経験したことのない憐れみの情（attendrissement）を彼にいだかせることになる。(14)」

エミールに「共苦」の感情を育てるために、ルソーは田舎への隠遁を終了させ、エミールに社会を見せる。当時の文脈で言えばそれは、飢餓や貧困、厳しい労働や重税といった「苦しみ」に耐えながら生きる貧しい平民たちの暮らしを見せる、ということだったろう。そうした人々の苦しみを共に苦しみ、人々への共感と愛情をもち、その上で社会のあり方を根本的に考え、行動することができる市民へとエミールを育てる(15)ために、ルソーが道徳教育として考えたのは、そのような内容だったのである。

四、ルソー道徳教育論の今日的意義

本章の最後に、以上に論じてきたようなルソーの道徳教育思想が、今日の私たちが道徳教育を構想する際にどのような示唆を与えてくれるかを整理しておきたい。

まず、消極教育の理念と関わって、抽象的思考が可能になる以前の子どもたちの道徳教育についてである。先に自律的道徳と他律的道徳について論じたことについては繰り返さない。

ここで触れておきたいのは、ルソーが一方でピティエを本能的なものとしながら、しかしピティエに依拠した道徳教育を開始するのは思春期以降まで待つべきだとしていることに関わっている。

ピティエそのものは、本能である以上幼い子どももまた備えていると考えるべきものである。しかし、道徳教育としての共苦の教育は、そこで取り上げられる「苦」が社会的なものであり、子どもが社会関係を一般的・抽象的に理解できるようになるまでは（消極教育原則に従うならば）行い得ない。したがってルソーにおいては、道徳の源泉は生得的なものであるとしながら、それに依拠して行われる道徳教育は思春期以降の課題とされているのであろう。

そのように理解した上で触れておきたいのは、では道徳教育が始まる以前の子どもたちのピティエについて、私たちは何らかの配慮をしなくてよいのか、ということである。

本能に基づく衝動や欲求は、例えば食欲や性欲などのように確かに存在するが、しかしそれらがどのような対象に向けられるかは文化的・社会的な環境の下での後天的な学習によって変容する。例えば梅干しを見ると唾が分泌されるのは、私たちが梅干しを食べた経験の積み重ねからその味を既に知っている（学習している）からである。梅干しが存在しない食文化で育った人には同様の反応は起こらないだろう。魚を食べる文化の中で育った者は魚を見ることで食欲を喚起されるが、魚を食べることが一切ない文化の中で育った人はそうはならない。犬を食べる文化は世界中に存在するが、日本で育った者は一般に犬を見て食欲を喚起されることはないだろう。

そう考えると、ピティエもまた、ルソーの言うようにそれが本能であるなら、人間が成長する文化的環境の如何によって、どのような対象にそれを感じるかは変容すると考えられるし、環境のあり方によってはピティエが強化されたり、逆に麻痺したりすることも起きうるのではないだろうか。

先に、ピティエの概念を解説したところで、例えばスプラッタ映画の愛好者などのように、「残酷なシーンを好んで見る人」の存在に触れた。もちろん、そうした趣味をもつ人にも様々な人がいるはずであり、一概に何かを言うことは避けなければならないが、恐怖映画や残酷なシーンを見ることには、ある種の「度胸試し」のような感覚が伴っていると、自らの経験からは思う。つまり、そうしたシーンを嫌悪する感覚はあるのだが、その感覚をあえて刺激することで、ある種の「快」を得る場合があるのではないか、ということである。例えば味覚において、苦味や辛味というのは本来は（毒物などを摂取しないために）避けるべき感覚として私たちに備わっているものと思われるが、私たちが成長するにつけそれらも（程度によるが）美味のうちに感じるようになるように、本能の段階では忌避すべき刺激であっても、あえてそうした刺激を（文化的に調整しつつ）受け続けることで、そうした刺激への一定の耐性ができ、場合によってはそれを快と認識するようにもなるのだろう。ピティエについて考えれば、ピティエが嫌悪感を抱かせるような刺激（残酷な映像など）を「快」と感じるようになることは、やはり倒錯した感覚であり、少なくとも幼少期からそのような刺激を過度に受け取り続けるべきではない、と言うことはできるのではないか。

また、ピティエが後に共苦の感情として、他者の受けている社会的な苦しみへの共感にまで至るためには、やはり幼少期にどのような社会的・文化的環境のなかで育つかということが影響を与えるように思う。ルソー自身はエミールを都会から隔絶した、いわば社会的・文化的真空とも言えるような環境で育てるが、これは一般的な教育において可能なことではない。しかし、一八世紀フランス社会に、ルソーが幼少期のエミールに触れさせるべきでないと考えた文化（虚飾や浪費）が溢れていたように、今日の私たちの社会にも、子どもたちがピティエを保ち、それを健全に共苦の感覚へと発達させることを妨げる文化は多様に存在しているのではないか。

学校文化の中に存在するそうした要素として、たとえば競争主義がある。ここで競争主義とは、学校教育制度を立身出世のための競争の場と捉える古典的な（日本では少なくとも学制以来の）考え方だが、それに付随して、学習の成果は個人の努力と能力の結果であり、その個人にのみ所有されるという、いわば学習における個人主義、あるいは学習における自己責任論のような考え方も一般的である。こうした学習観はあまりにも広く受け入れられており、小学校低学年からすでに子どもたちを覆っていると言っていいだろう。もちろんそこには、ただ他者に依存して、いつも「教えてもらう」ばかりではその子自身の力にならないという善意に発するものも混在しているだろう。だが、やはり今日の学校における学習には、他者と助け合いながら何かを達成するという要素、協力し、弱いところを補いあいながら皆でわかろうとするといった取り組みが、相対的に弱いのではないだろうか。仮にそうだとすれば、そうした風土のなかで子どもたちはピティエを維持し、保存することができるだろうか。こと学習に関しては、「できないのはその子自身の責任」で、「その子だけの問題」「自分には関係ない問題」とする思考や態度を、学校文化のなかで学習することにはならないだろうか。さらにそれが、学習だけでなく人生における幸不幸を「自己責任」の論理で受け止める態度に発展するとしたら、それは、子どもが本来もっていたピティエを共苦にまで発展させることを著しく阻害することになるだろう。

あるいは、やはり今日の学校文化に―違法でありながら―残念ながら広く残っている体罰の問題がある。体罰の是非についてはもちろん、様々な論点から論ずることができるが、あまり論じられることのないのが、体罰が文化として根づいているような環境で、体罰を受けている以外の子どもたちがそこから何を学んでいるのか、ということである。子どもたちは、誰かが罰として暴力を受けるのを目撃している。それは、正しい大人から、正しくない行為をした子への罰であるのだから、悪いのは罰を受けている子どもの側であり、そちらに同情すべきではない（特別の事情がない限り、また子どもが幼いほど、そのように受け取る場合が多いだろう）。そこで子どもたちは、暴力には本能的な―ピティエに由来する―嫌悪を感じつつも、罰を受けている子どもを自分とは異なる存在と見なし、その子の苦痛を「見ない」「感じない」よう、意図的に努力することを強いられるのではないか。これはつまり、ピティエを遮断する訓練を日常的に受けているようなものである。

もちろん、こうした個人主義的な文化、自己責任を強調する文化、そして暴力や権威を容認する文化は、学校のみに存在しているのではない。今日多くの子どもたちが接触するテレビ番組や様々なサブカルチャー、ゲームプログラムなどで用いられる暴力表現や競争的・個人主義的価値観も、幼少年期の子どもたちのピティエを麻痺させ、それが共苦の感覚にまで発達することを妨げているのではないか。ルソーのように子どもをそうした文化環境から完全に隔離することまではできないにしても、まず私たち自身の行為を通じて子どもにそうした文化を提示しないこと、商品文化やサブカルチャーを通じて子どもが何を学習しているかに敏感であること(16)が、今日求められていると言えるのではないだろうか。

さて、思春期以降のエミールの道徳教育から得られる示唆については、多くを論ずる必要はないだろう。小学校高学年以降の道徳教育において、現実の世界における人々の「苦しみ」を題材にすることが直接的に考えられる。ルソーの時代には、エミールに人々の暮らしを直接見せるしか方法がなかったろうが、今日の学校教育であれば、様々な映像や文章を通じて、一般の、普通の人々の「苦しみ」を提示することができよう。戦争、災害、貧困、差別、政治的抑圧といったことに苦しむ人々の現実（歴史上のことでも現代のことでもよい）を、そのような苦しみをもたらす社会のあり方の知的な認識を伴うかたちで提示することが、ルソーの構想した道徳教育の今日的な再現と考えられるだろう。

それが道徳教育の全てではないにしても、これまでの日本の学校道徳教育を振り返った時、そのような内容があまりにも欠けていたとは言えないだろうか。「善行」についてのフィクションや「偉人」の逸話から道徳を学ぶ、といった内容が圧倒的であり、苦痛、困難、矛盾のなかで苦しむ人々への理解と共感を育むという視点は欠落していたのではないか。

だが、苦しむ人々への理解と共感は、民主主義的な社会の担い手たるべき子どもたちの成長には欠かせないものなのではないだろうか。

例えば、グローバリズムを背景とし、利益を生み出す「人材」の育成のみに教育が焦点化しつつあることを危惧する米国の哲学者M．ヌスバウムは、ルソーに直接言及しつつ次のように述べている。

「ルソーは人間の弱さの学習を、彼の教育構想の中心に置いている。弱さの認識だけが私たちを社会的にし、人間性に目覚めさせるのだと言う。私たちの不完全さこそが、正当なコミュニティへの希望の基礎となるのだ。彼は、当時のフランスの上流階級はこのような教育を受けていないことを指摘する。彼らは自分たちは普通の人間よりも上にいるのだと学びながら成長する。この強さへの欲望は、彼らの他者を支配したいという欲望を加速させる。

ルソーがフランスの上流階級について指摘したような悪しき教えを、（現代の）多くの社会が教えている。(17)」

競争主義的価値観と、自己責任論を是認する個人主義が蔓延する現代の教育において、「弱さ」に由来する人々の結びつきへの気づきを道徳教育の中心におくこと、これは実は、今日の教育においてかなりの切迫性をもった課題なのではないか。

あるいは、ルソーへの言及はないものの、民主主義そのものの根源的（ラディカル）なあり方を探求する政治学者のダグラス・ラミスは、次のように述べる。

「自分たちを仲間の人間の運命から切り離そうとすれば今でもできるが、切り離すこと自体、われわれの神経系のなかで行われるしかないことも今なら分かっている。切り離すのは他の人びとではなく、われわれ自身の感覚器官のひとつ、われわれが他の人たちの顔を見たり声を聞いたとき、ああ同じ人間なのだと認識する能力を与えてくれる、あの特別の感覚器官なのである。このような自己切断は一般的に賢明でないだけでなく、それ自体ラディカル民主主義の本質と相容れない。つまり、ラディカル民主主義が発展させるべき感覚そのものに対するロボトミーにほかならない。政治的徳を可能にする感覚、言ってみれば「民主主義感覚」を切断することなのだ。ラディカル民主主義の運動はこの感覚を研ぎ澄まし拡大することを求める。[18]」

ラミスの言う「ラディカル民主主義」とは「根源的な民主主義」の意味であり、決して過激思想や暴力の肯定を含むものではない。そうではなく、この「ラディカル」は、民主主義の理念が本来根本的なものとして備えていたはずの、人々自身が力をもち、政治を動かしていくことを表している。そしてこの引用部分において、ラミスはそうした民主主義を個人のレベルで支える「感覚」として、他者への共感能力に言及しているのである。ラミスの言う「特別の感覚器官」こそ、ルソーの言う「ピティエ」であり、それが民主主義のなかで「発展させるべき感覚」が「共苦」の感覚にあたるだろう。

現実の社会のなかで、戦争や貧困や差別などの要因によって人権を抑圧されている人々、されてきた人々、そのような現実に抗して何らかの行動を起こしてきた人々、そうした人々の困難に対し、「他人事」ではなく自らの感覚において共感し、不条理な暴力や抑圧に対する怒りを共有できる感覚、それをこそ民主主義的な道徳教育の育てるべき基本的な感覚と位置づけることができるのではないか。

注

（1）ルソーの主張を「自然に帰れ」と要約することをめぐっての論争とその再解釈については、越野章史「ルソーの〈自然〉概念の二重性」（『人文学報』三四八号、東京都立大学人文学部紀要、二〇〇四年）を参照。

(2) ルソー「エミール　あるいは教育について」(白水社版『ルソー全集』第六巻、一九八〇年) 一九ページ。なお、以下本書における『エミール』からの引用は、白水社版の『ルソー全集』第六巻の該当ページ数を示すが、訳文は筆者の判断で改めたところがある。原文は Jean-Jacques Rousseau "*Émile, ou de l'éducation*", Éditions Garnier Fréres, Paris, 1961 を参照した。

(3) 同前。

(4) 同前。

(5) このことの故に、つまり「事物の教育」=子どものする経験を制御するために、ルソーはエミールを田舎に連れて行くのである。都会に暮らすことで子どもが(教育者の意図を離れて)してしまう経験がなぜ教育的に望ましくないとルソーが考えているのかについては、すぐ後に触れる。

(6) ルソー前掲書、一〇一ページ。なお引用文中「…」は引用者による省略を表す。

(7) 同前、一四ページ。

(8) なお、ルソー自身も幼児期から少年期の子どもの行動や習慣を矯正する必要がないと言っているのではない。ただし、必要があって子どもの行為を禁止したり抑制したりする場合にも、幼児期、少年期にはそれを「善悪」で説明すべきではないと主張している。幼児期には単に「不可能」であるようにする=物理的な力で抑制する(もちろん、抑制であって罰ではない)べきであり、少年期にはそれが「得にならない」「損の方が大きい」ことを理解させることで抑制すべきとしている。その意味でルソーにも「しつけ」的発想はあるが、ルソーにおいてはそれは道徳教育ではないということになろう。

(9) 安藤隆穂『フランス啓蒙思想の展開』名古屋大学出版会、一九八八年。

(10) アダム・スミス『道徳感情論』岩波文庫、二〇〇三年。クヌート・ホーコンセン『立法者の科学』ミネルヴァ書房、二〇〇一年。

(11) ルソー『人間不平等起原論』岩波文庫、一九七二年、七一ページ。

(12) 同前、三一ページ。

(13) 『エミール』二九八ページ。

(14) 同前、三〇〇ページ。

(15) 『エミール』は、二〇歳になり伴侶を得たエミールが、諸国の政治を実際に見て学ぶための旅に出発するところで終わる。

なお筆者は、ルソーの教育思想の全てに共感しているわけではない。例えばエミールの妻となるソフィの教育論（女子教育論）は明らかに性差別的であり、今日的には容認し得ない内容を多く含んでいる。本書で紹介したのは、ルソーの教育論、特に道徳教育論において、筆者の観点から今日的に意義があると思われる部分のみであって、これがルソーの教育思想の全体像ではない。以下の諸章で触れる他の教育思想家についても同様であると受け取っていただきたい。

(16) この点で、現代米国の教育哲学者ジェーンR．マーティンの『カルチュラル・ミスエデュケーション』（東北大学出版会、二〇〇八年）は興味深い主張を行っている。マーティンは、商品文化やサブカルチャーを含め、子どもたちが接するあらゆる文化の提供者が教育者としての自覚をもつ必要性を訴えている。同時に、マーティンは文化を規制することはきわめて反民主主義的な実践に転化するおそれが大きいことも指摘しており、この点は筆者も同感である。

(17) M. Nussbaum "*Not for Profit: Why Democracy Needs the Humanities.*" Princeton University Press, 2010. p.34

(18) C．ダグラス・ラミス『ラディカル・デモクラシー　可能性の政治学』岩波書店、一九九八年、二二〇ページ。

第八章　モンテッソーリとデューイのディシプリン（規律）論

先に第六章において、道徳教育は学校の秩序維持のためのものではない、と記した。現存する学校の規則や規範に、ただ言いなりに従うような人間を育てることは、民主主義社会が必要とする主権者＝市民の像と端的に矛盾する。したがって、現在多かれ少なかれ非民主的な(1)規則や規範がまかり通っている学校においては、民主主義的な道徳教育を進めることで、従来の規範への異論や規則の見直し要望などが噴出する可能性があり、その意味で、従来の学校秩序はそのままの形で「維持」し得なくなることが考えられる。

だが、このことは規則や規範の存在を一般に否定するものでは、もちろんない。学校が、未成熟な子どもたちが集団で過ごす場所である以上、そこにはやはり何らかの規則や規範は存在することになろう。子どもたち自身が、あるべき規則や規範について、自ら考え、つくっていくことができるならば、それが望ましい。だが、幼児期から小学校中学年くらいまでの発達段階においてそれは困難であろう（前章で論じたように、未だ抽象的思考を充分に行うことができないので、一般化した「規則」を考えること自体が難しいと思われる）。

では、学校が一人ひとり全ての子どもたちの人権を充足する場であるために必要な規則や規範とはどのようなものだろうか。学校はもちろん、外部の社会と同じように、子どもの生きる権利、尊厳の維持、差別されない権利、表現の自由、意見表明権といった人権を守ることが求められるが、それだけではなく、教育を受ける権利、学習する権利を、そのための機関として積極的に充たさなければならない。その目的のために何らかの規則や規範が子どもたちに課される必要があるとすれば、それはどのようなものだろうか。

本章ではこの問題を考えたい。それは言い換えれば、民主主義的な市民を育てる上で、なお必要な学習上の「規律」とは何か、ということである。例えば幼児教育や小学校低学年の場において、教室を喧噪と混乱の場にせず、全ての子どもの学習を成立させるには、一定の「学習規律」が必要であることは（極端な放任論を除いて）異論がないだろう。だが、外から課せられる規律に従順であることは、たとえ幼児期とは言え、将来自律的な市民となるべき子どもたちの自律性や主体性の成長を損なうことにはならないか。

この問題を考えるにあたり、教育思想史上の二人の思想家の論考を参考にしたい。いずれも一九世紀末から二〇世紀にかけて、いわゆる「新教育」の陣営で教育を論じた思想家である。「新教育」は従来の教育論に対し、子どもの自発性や主体性を重視したのであるが（第二章参照）、そうした主張を行いつつなお、学校における「規律」について積極的に論じたのが、M.モンテッソーリ（イタリアの小児科医・教育者。一八七〇～一九五二）とJ.デューイ（アメリカの哲学者。一八五九～一九五二）である。また、第二章で触れたように「新教育」思想は必ずしも一枚岩ではなく、それぞれの思想家が育てるべきとした人間像も異なっているが、モンテッソーリとデューイについては、教育の対象を主としてエリート層ではなく一般の家庭の子どもたちとしていること、民主主義的な社会変革を担う主体としてそうした子どもたちを育てようとしたことにおいて、特に本書で取り上げる価値があるものと思う。以下、順をおって見ていこう。

なお、彼女らが学校における規律を論ずる際に共通して用いた「規律」にあたる言葉はディシプリン discipline であるが、以下にみるように、そこには外から課されるものという意味合いはなく、学習を成立させるための、子ども自身が内発的に形成する秩序、といった意味で語られている。

ディシプリンはそもそも、「しつけ」という意味（「よくしつけられた」を well disciplined と表現する）をもち、そこから「規律」あるいは「訓練」と訳されるのが通常である。しかし他方で、ディシプリンには「(特定の）学問分野」を表す意味の広がりもある。これは、学問分野が、その学問に特有の手続きや方法などの「ルール」＝ディシプリン（日本ではたとえば、ある分野で論文を書くときにその分野の「作法」―論文そのものの構成やスタイルから、注の付し方、文献の示し方などまで―を気にしなければならない）を持っており、そのディシプリンこそがその学問の特徴を表現するものと捉えられる故だろう。そうした学問分野のディシプリンが成立し、その分野の研究者がそれを獲得・共有するのは、外から押しつけられるからではない。その学問の問題意識や世界観から、内発的にディシプリンが形成されるのである。

ディシプリンにはそのような意味の広がりがあるが、他方で日本語の「規律」には、どうしても外から一律に課されるものというニュアンスがつきまとうため、以下ではあえてカタカナで「ディシプリン」と表記することにする。

一、従来の学校におけるディシプリンへの批判

モンテッソーリもデューイも、それまでの学校で一般的だったディシプリンのあり方に対しては、明確に否定的である。まず、モンテッソーリの主張から引こう。

「ここに、私たちがよく知っている光景がある。教室にはお節介な教師がいて、生徒たちの頭の中に知識を注ぎ込もうとしている。彼の仕事が成功するためには、彼は生徒の側に、じっとしていること、強制的に注目すること、といったディシプリンを維持しなければならない。そして、彼の聞き手であることを強いられた子どもたち

を抑制するために、彼は賞と罰を自由に用いる権力をもたなければならない。(2)」

確かにこれは、よくある光景である。通常の、特に年少児の教室においては、教師が賞罰（言葉による賞賛や注意・叱責も含む）を用いて、何とか子どもをじっとさせていよう、前を向いて話を聞かせようと努めている。それはこの引用の前半にあるように、生徒たちが知りたいと思っているかどうかに関係なく、教師が、外部から知識を子どもの頭の中に「注ぎ込もう」としていることから、必然的に生じることであろう。だが、こうしたディシプリンのあり方を、モンテッソーリは辛辣に批判する。

先の引用に先立つ部分で、モンテッソーリは学校の椅子に注目し、それが子どもたち同士を引き離すために、そして「正しい」姿勢でいることを強制するために、改良されてきたことを指摘しつつ、そのような意味で改良された学校の椅子は、子どもを自由にするものではなく、逆に子どもの自由を物理的に奪う（そのための有効性を上げることが改良と言われてきた）「奴隷制の道具」であると論じている。その上で先の引用部分で、物理的な強制ではなく、心理的な強制の道具として、賞罰によるディシプリンに触れているのだが、続いて次のように述べている。

「これらの外から与えられる賞や罰は、こう言ってよければ、魂の椅子である。つまり、それによって精神に奴隷制が課されるのであり、それは歪みを少なくするのではなく、歪みを惹き起こすものである。(3)」

モンテッソーリは、医者としての自らの経験から、またルソーの思想的影響も受けて、子どもを観察し、個々の子どもの状態をきちんと理解することなくして、その子にふさわしい教育上の課題や方法は明らかにならないと考えていた。そのため、強制や誘導によって子どもが特定の態度を外形的にとることを強いたのでは、かえって子どもの本当の状態を隠してしまい、その子が必要とし要求している教育を分からなくさせてしまうと言う。そのため、教育の場においては子どもを自由にすることが、彼女の最初の主張なのである。

デューイもまた、既存の学校のディシプリンに対しては辛辣な批判を展開する。たとえばデューイの次のような論述は、モンテッソーリによる従来の学校のディシプリンへの批判と、軌を一にするものと捉えてよいだろう。

「典型的な伝統的学校・教室における固定された配置は━固定された机の列、生徒の軍隊的管理のもとで、生徒は特定の固定的な合図によってのみ動くことを許容されるのだが━知的自由、道徳的自由に対しても巨大な制約を課した。(4)」

だがデューイは、従来の学校がなぜそのようなディシプリンを採用せざるを得なかったかについて、もう少し詳しく分析している。

「(従来の学校において：引用者) 教師の個人的命令があまりにしばしば過度に役割を果たした理由は、また、そこに存在する秩序があまりに厳格な大人の意思への服従の問題であったことの理由は、状況が教師にそれを強いたからであると言うのが公平だと思う。学校は、共同の活動への参加によって結びつけられた集団あるいは共同体ではなかった。したがってそこには、統制のための正常で適切な条件が欠落していたのである。(5)」

ここから展開されるデューイ自身のディシプリン論については少し後で詳しく論じたいが、従来の学校では、子どもが自発的に参加へと誘われるような活動が存在していないために（モンテッソーリの言葉で言えば「知識の注ぎ込み」であるがゆえに）、そこで子どもに「望ましい」振る舞いをさせるためには、外から、力あるいは権威によって、ディシプリンが課されなければならなかったのである。そのため、教師は時に叱責し、時に居丈高に命令し、時に賞賛や褒美で誘導して、放っておいてはすぐに学習から離れてしまう子どもたちを、学習につなぎとめなければならなかったわけである。

従来の学校で、学習と、そこに子どもをつなぎとめるディシプリンがこのようなあり方をしていたのは、デューイによれば、子どもの教育を、将来の何事かへの「準備」と捉える教育観と深く関わっている。

「準備の原理（教育を将来への準備と見なす考え方）は、快楽と苦痛による外在的な動機づけを大々的に採用することを必要とする。未来は、現在できることと切り離されるならば、刺激したり方向付けたりする力を持たないので、それ（未来への準備としての教育）を機能させるためには何かと組み合わされなければならない。ほうびの約束と苦痛の脅しが採用される。（6）」

子ども自身がまだ予測することも実感することもできない遠い将来の準備のために、何事かが学ばれる必要があり（その必要性は大人が勝手に判断しているのだが）、その事柄自体は子どもの学習意欲をかきたてないものであるなら、子どもが学習に向かうための動機は、別のところから調達される必要がある。そうした事情の下で用いられるのが賞罰であり、子どもは賞を欲し、罰を避けたいがために学習に向かうことになる。罰に言葉による叱責を含むならば、教師が「ちゃんと前を向きなさい」「静かに聞きなさい」「姿勢良くしなさい」などと厳しい口調でディシプリンを維持しようとすることも、この賞罰の一部であると捉えられるだろう。そして、このような賞罰によるディシプリンの維持は、学習という行為そのものにとって問題のあるものだと、デューイは捉えている。

「報酬や高い得点はせいぜい、追求すべき人工的な目的に過ぎない。それらは子どもたちを、かれらがした作業の生産物の価値以外の何物かを得ることを期待するように慣れさせる。学校がこれらの動機づけを用いざるを得なくさせられているということは、真に道徳的な活動とは縁もゆかりもない動機づけに頼っているということでもある。(7)」

ここでデューイは、賞につられて子どもが学習することの問題を指摘しているのだが、罰を避けるためであっても同じことが言えるだろう。引用中の「かれらがした作業」とは学習のことを指しているのだから、「その生産物」とは、学習の結果、子ども自身が何かを解ったり、何かができるようになったりすることそのものであり、その「価値」とはそのこと自体の喜びや有用性である。注目すべきは、引用の後半でデューイが「道徳的」という言葉をもって、賞罰にたよる方法を批判していることであろう。デューイにとって、学習が、それ自体が生む価値によって動機づけられることが道徳的なのであり、それ以外のいわば「不純な」動機（賞罰など）によって学習に取りくむことは、それ自体道徳的でないことになる。なぜなら、それは子どもたちのなかに、目の前の事象に集中し専心して取りくむのではなく、別の、活動自体とは無関係な、物欲や名誉欲や保身という動機によって、自らの行動を律することを習慣化させるからである。

デューイの述べるように従来の学校でこれは「やむを得ない」ことであったとしても、それは望ましいことであろうか。特に、民主主義社会における自律的・主体的な主権者の育成を考えた場合にはどうか。学校がもってきた（現在でも多くの学校がもっているだろう）、力と権威によって子どもを規則・規律に従順にさせる傾向は、どのような人間を育てることになるか。

「隠れたカリキュラム」の発見者と言われるアメリカの教育研究者、フィリップ・ジャクソンは、一九六八年の著作のなかで、学校のこのような性質が、そもそも学校が任務としているはずの、知的な探求を行いうる人間の育成と矛盾を来している、と指摘する。

「学校で生活することを学ぶにつれ、生徒は、…些細な欲求不満を平気でやり過ごせるようになり、より高度な権威による計画や方針を受け入れることを学ぶ。たとえ合理的理由が説明されず、意味が不明確であっても。だが、知的な熟達において重要な役割をはたす人格的な資質は、企業人を特徴づけるこれらの性格とはきわめて異なっている。たとえば好奇心は、全ての学問的特性のなかで最も基礎的なものであるが、服従の要求に対応するにはほとんど価値を持たない。好奇心旺盛な人は典型的には探求好きであり、詮索好きであり、暴露好きであるが、これらの性格は受動的な服従とはほとんど正反対である。学者は、権威に挑戦し、伝統の価値を問い直すという習慣を育てなければならない。彼は不明確な事柄を明確に説明することにこだわらなければならない。(8)」

外部からもたらされるディシプリンに、それが不合理であっても従うという性向は、ジャクソンによれば「企業人」には向いているかも知れないが、科学者には向かない。つまり従来の学校のディシプリンは、それ自体が子どもたちの知的好奇心を抑圧し、学びたいという要求を萎えさせる役割を持っていた、ということになる。「授業を成立させる」ためにこのようなディシプリンが課されざるを得なかったのだとすれば、なんと皮肉なことだろうか。

また、民主主義社会の主権者にとってどうか、ということで言えば、次のような言及がある。これは二〇世紀初期のイギリスで小学校教育を受けた経験を、労働者階級の当事者が子ども時代を振り返って語ったものである。

「先生はとにかく先生なんだから尊敬しろって、そう教え込まれた。そういうことって一生ずっと影響するのよ。だって、自分にたいする自信ってものを失わされてしまうんだから。…いつでもぐいぐい押さえつけられてきたでしょ、それがわたしらの一生に残る傷になってね、心に食い込んでいるんだわ。…奉公に出ても同じことね、まったく、他人の下にぐっと押さえ込まれちゃうのよ。自分の性格がそういうふうにつくり変えられたんだって、そう考えることがよくあったわ。…いつも自分のなかにへりくだったものを感じるの、学校のせいだって思った…。(9)」

ジャクソンが「企業人」には向いているとした性格は、視野をもう少し広く社会全体にとれば、要は使用者にとって都合のいい労働者の態度、ということになる。このような意味での「従順」が、今日の社会において主権者たる市民に相応しいものであるとは言い得ないだろう。そして幼少期の教育において、ディシプリンを外から強制することで「自分にたいする自信を失わ」せることが「一生に残る傷」となり、権威に従順な、自分の意思や意見に自信をもてない人間を育てるとすれば、やはりそれは避けなければならないことであろう。

では、幼少期の教育において、ディシプリンは不要なのであろうか。そうではない。次に、モンテッソーリが積極的なものとして提唱した、従来のものとは異なるディシプリンのあり方について検討したい。

二、モンテッソーリのディシプリン論

モンテッソーリは、一九〇七年にローマのサン・ロレンツォ地区にあった貧困者が暮らす集合住宅において、低賃金で長時間働かざるを得ない親たちが育てる子どもの状況を改善するために、幼児向けの託児・教育施設として「子どもの家 Casa di Banbini」を設立する。そこで三歳から六歳前後の子どもたちを相手に彼女の指導による教育実践が展開されるのだが、「子どもの家」はめざましい成功をおさめ、その後イタリアを中心としつつも、国境を超えて多くの「子どもの家」が設立されることとなる。

前節で見たように、モンテッソーリは子どもの「自由」を尊重することを第一原理とするため、「子どもの家」においても、幼い子どもたちは大人から命令されたり叱責されることはほとんどなく、好きな姿勢をとり、自分のしたいことをし、自由に過ごすことが許された。モンテッソーリ自身によれば、そのような方針で行われた幼児教育に対し、当時すでに（当然と思われるが）、そのようなやり方では子どもたちが好き勝手に暴れ回り、混乱や喧噪が支配し、まともな教育など行い得ないのではないか、という疑念や批判が多数寄せられたという。だが、実際に「子どもの家」を見学した者は、実態がまったくそのようでないことに一様に驚いたという。子どもたちは暴れ回るどころか、静かにそれぞれの教材(10)に取り組み、課題に専心している。「子どもの家」のどこにも、混乱も喧噪もなく、むしろ通常の幼児教育の現場におけるよりも、子どもたちの動きは洗練され、静かで行儀のよい振る舞いが行われていた。これはモンテッソーリが自画自賛で述べているのではなく、たとえば宮ヶ谷徳三によれば、当時「子どもの家」の一つを見学したエリーズ・フレネは、次のように述べたという。

「理想的ともいえる、おとなしく、きれいな顔つきをした子どもたちが、まるで別の時代から来たようなロココふうの飾りを身につけて、自分をひきつけている贅沢な教具の間を歩きまわっていた。この子どもたちが黙々と器用に平面や球体を動かしているのを、私たちは一種の驚きをもって見まもった。(11)」

なぜ、幼い子どもたちが、「自由」に「好きなことを」しろと言われて、騒いだりとっくみあったりするのではなく、教具に向かって黙々と学習課題を実践することになるのか。そこには学習のディシプリンが成立していると考えられるが、どのようにしてそれは可能になるのか。モンテッソーリ自身の言に沿って考えたい。

まず、モンテッソーリによれば、通常の学校で考えられているディシプリンと、彼女の教育方法において考えられているディシプリンとでは、そもそも意味が違うと言う。

「確かに、私たちのやり方において、私たちはディシプリンについての異なった概念を持っている。私たちはディシプリンを、物事の活動的な状態であると見なしている。私たちは、ある人が人為的な方法によって唖者のように静かになったり、麻痺したように動かなくなったとしても、ディシプリンが達成されたとは考えない。そのような人は屈服させられたのであって、ディシプリンを得たのではない。

私たちは、その人が自分自身の主人となった時に、したがって、生命の法(law of life)に従うことが必要な時には自分自身をコントロールすることができるような時に、その人はディシプリンを獲得したと主張する。(12)」

この引用の前半から読みとれることは、前節で見たようにモンテッソーリが既存の学校におけるディシプリンのあり方に批判的だったことから、命令や賞罰によって、子どもにただ外形的に「言うことをきかせる」「行儀良くさせる」といったことへの批判ととっていいだろう。単に教師の権威や賞罰などの外的な動機づけで操作されて言うことを聞いている状態は、モンテッソーリにとってはディシプリンの成立している状態ではない、ということになる。では、モンテッソーリの言う「活動的な状態」としてのディシプリンとはどのようなものだろうか。

引用の後半では、そのような状態についての手がかりが述べられている。それは「自分自身の主人 master of himself」になることであり、「生命の法 law of life」に従って自分をコントロールすることができること、とされている。

「生命の法」とは何だろうか。law は「法」と訳すことも「法則」と訳すこともできる。ディシプリンが「規律」に近い意味であることからこの引用ではいったん「法」と訳したが、モンテッソーリはそこにどのような意味を込めてこの言葉を用いたのだろう。

モンテッソーリは別の箇所で次のような逸話を紹介している。ある日彼女は、ローマの公園で、一歳半くらいの子どもが、バケツにスコップで砂利を入れることに夢中になっているのを見た。その子どもを連れていた婦人は、帰る時間になり、子どもに作業をやめるよう言ったが、夢中になっている子どもはなかなかやめようとしない。待ちきれなくなった婦人は、子どもからバケツを取り上げると、自分で砂利をすくい、バケツを満杯にして、子どもとバケツを一緒に乳母車に乗せ、子どもが満足しているに違いないという表情をしたという。だが子どもは「大声で叫び、彼の幼い顔にあらわれた暴力と不正への抗議の表情が、私の胸を打った(13)」とモンテッソーリは記している。そして、直後にこう論ずる。

「その小さな子は、彼のバケツを小石でいっぱいにしたかったのではない。彼が欲したのは、バケツを小石で満たす作業に含まれる運動（exercise）だったのだ。そのことによって彼は、活発に成長しつつある彼の身体組織からの求め（call）に応えようとしていたのである。…子どもは、かれ自身を発達させるためのニーズに、無意識に支配されている。[14]」

ここでモンテッソーリが言う、「身体組織からの求め」、あるいは「自身を発達させるためのニーズ」が、先の引用において抽象的に「生命の法」と表現されていたものであろう。それはつまり、人間が生命体として有している発達の法則性である。

モンテッソーリの別の著作の中にも、この解釈を傍証する記述を見出すことができる。

「子どもは自由に活動し、自然法則によって発達する内的組織に直結して組織化された物を環境に見出す必要がある。これは昆虫が自由に飛び回って、花の形や特質に種の維持に必要な物を見出すのと同じである。昆虫は滋養物の蜜を求めつつ、植物の生殖を助けている時、自由なのである。…同様に子どもの自由な発達の秘密は内的発達に必要なもの、つまりその原始的衝動に対応するものを組織化することにある。その原始的衝動は新生児の欲求に匹敵し、精選された栄養を備える母乳を吸わせるようかりたてる衝動のようなものである。栄養の取れた新生児の身体や運動が自ずと組織化されるのと同様、この衝動、内的飢餓が充たされた幼児の人格は自ずと組織化され、その特徴を現すようになる。[15]」

つまり、ここにはルソーが提起した「自然の教育」の重視と同様の観点があるのである。子どもには、無意識に、自らの身体や感覚を用いることによってそれらを発達させたいという本能的な要求（あるいは衝動）があり、そのような要求に適切に応えるような活動を用意してやることが、大人に求められるのである。

この、子どもの発達要求に応じた活動を用意することこそが、モンテッソーリが数々の教具を開発した理由であった。「着衣枠」と呼ばれる、子どもが指先を使ってボタンかけや紐むすびを何度でも練習できる木組み、大きさ、重さ、触感、色などの異なる(16)「はめ板」、様々な図形や文字の形を指先で（触覚を頼りに）なぞるための板、等々である。

そして、「子どもの家」では、同年齢の子どもに同一の活動を強いるのではなく、個々の子どもがこれらの教具を自由に選択する。同年齢の子どもであっても発達課題は同一ではなく、自らのその時の発達課題に合致しない教具には、子どもは（簡単すぎたり難しすぎたりして）すぐに飽きる。だが、発達課題にちょうど合致する課題には、前述のローマの公園における子どものように、子どもは熱中し、集中して長時間取りくむと言う。そのような「子どもの家」での子どもの姿を、モンテッソーリは次のように記述している。

「教具は、彼のために並べてある。それを得るためには、彼は手を伸ばすだけでよい。彼は、自分の選んだ教具をどこでも好きな場所に持っていってよい。テーブルの上でも、窓際でも、薄暗い隅の方でも、床に敷かれたきれいなマットの上でも。彼はそれを何度でも、彼が欲するだけ繰り返して使って良い。

何が、他のものではなくその教具を彼に選ばせるのだろう。単なる模倣ではない。なぜなら、教具はそれぞれ一つしかないのだから、ある子どもがそれを使っているときには、他の子どもは使えないからである。

だから、それは模倣ではない。子どもが教具を扱うそのやり方がこれを示してくれる。彼は自分のしていることに浸りきり、非常な熱意をもって行うので、周りの全てのことを忘れて、作業を続ける。彼の活動を連続して繰り返し一ダースもの回数行う。これは、内的な発達と結び着いた活動における、集中と反復の現象である。(17)」

そして、子どもたちが自らの発達課題に見合った教材を得た時に示すこの「集中」こそが、モンテッソーリの言う学習のディシプリン（学習規律）なのである。

「ディシプリンの最初の輝きは、作業の結果としてあらわれる。ある任意の瞬間に、子どもが一つの作業に深く興味をもつようになるということが起きる。私たちはそれを彼の表情に、彼の緊密な集中に、かれの活動への没頭に、見出す。その子どもはその時、ディシプリンの道へと入ったのである。(18)」

子どもの発達課題に合致しているが故に、子どもが自然に集中し没頭するような学習課題を提供すること。それができるならば、子どもは強いられずとも学習に熱中し、学習のディシプリンが成立する。これがモンテッソーリの言う「活動的ディシプリン」の内実である。

学校におけるディシプリンについてのこのような理解は、理想に過ぎないと思われるだろうか。確かに現実の学校を省みれば、ただちにこのような考え方のみを採用することはきわめて難しいように受け取られるかも知れない。たとえば、モンテッソーリの主張するディシプリンの考え方を採用すれば、子どもが熱中している学習課題を、時間によって区切り中断させることは好ましくないことになろう。時間割とチャイムによって活動内容が決められた現在のほとんどの学校では、大胆な改革(19)を行わなければこの一点すら突破することができない。さらにその背後には、学習指導要領による各教科ごとの指導時間数の規定があることは言うまでもない。

だが、子どもの発達要求、学習要求に合致した学習内容を提示する努力は、現在の制度的制約のなかでもある程度は追求できる（し、現にされている）ことだろう。問題は、学習の規律＝ディシプリンを、外部から押しつけ子どもを従わせることと捉えるのか、子ども自身が学習に専心することから生ずるべきものと捉えるのか、の違いである。現行制度内でも原則を後者に置き、そのために可能な努力を行うことはできるし、そうした実践の積み重ねから制度的な改革への合意も生じうるだろう。

本節の最後に、従来の学校の道徳教育の在り方についてのモンテッソーリによる辛辣な皮肉を挙げておこう。

「大人は…「私と同じにしなさい」と自分の模倣を促すことで道徳的な躾をしようとする。発達や教育ではなく模倣によって人間になれと言うのだ。これは例えて言うと、父親が朝出がけに幼児に「お父さんがどれくらい大きいか見なさい。夕方帰って来た時には一フィート大きくなっているように。」と言うのと同じである。こうしたやり方は非常に安易である。英雄伝を話して「英雄になりなさい。」と言い、善行の例を出して「徳のある人になりなさい。」と忠告し、幾人かの非凡な人物を挙げて「あなたも強靱な性格になるように。」と諭すことで、立派な人間をつくることになるというのだ。[20]」

用いられている例えは、いささか突飛に思われるかもしれない。誰も、子どもに命令することによって子どもの身長が伸びるとは考えないから、「大きくなっているように」というこの指示自体がいかにもナンセンスである。だがそれは、子どもの身長は自然的成長によってしか伸びないということを私たちが知っているからである。他方で、子どもの道徳性はどうだろうか。確かに道徳は文化的・社会的なものであるから、身体の成長と同じように扱うことはできないだろう。だが、それは大人に命令されたり説諭されたりすることで伸びるのだろうか。あるいは、子どもの道徳性の発達に自然的成長は全く関与しないのだろうか（この点は次章で論ずる）。

さらにモンテッソーリは次のようにも述べている。

「道徳教育について真剣に検討する際には、少しは周囲を見回し子どもに与えようとする世界を点検すべきである。例えばわれわれ大人のように弱者に対して破廉恥であって欲しいのかどうか、抵抗しない人々に正義を止めようと考えるようになって欲しいのかどうか、自分と同等の者に対しては文明人で、抑圧された罪なき者に対しては野獣になって欲しいのかどうか、ということを考えてみるべきである。(21)」

これは、子どもに上から押しつけられるほど正しいと確信できる道徳を、私たち大人もいまだ獲得できていないという指摘であろう。ここに書かれているような社会の不道徳なありさまは、一〇〇年以上前のモンテッソーリの時代と現代とで何か変わっただろうか。変わったと言えば、情報の氾濫によってこのような社会の不道徳を子どもたちも日々耳目に入れるようになったことではないか。そのような状況で、大人を模倣しろと言うことが、子どもたちの道徳性を育てることになるだろうか。あるいは大人が「道徳」を外から、あるいは上から語ることで、子どもたちに道徳性が育つだろうか。子どもたちが獲得すべき道徳やその一部としてのディシプリンについて、またその獲得の筋道について、根本的に議論し直すべき時がきているのではないか。

三、デューイのディシプリン論

デューイは、単にディシプリンについてだけでなく、道徳教育全般について、さらに道徳や倫理そのものについても、広く深い哲学的洞察を行っている。だが、本書では紙幅の関係から、また筆者の現在の力量から、その全体を系統的に論じることはできない。ここでは、学校における学習のディシプリンという観点から、モンテッソーリとの異同を中心にデューイの思想を紹介したい。

デューイは、一九一五年に出版した『明日の学校 Schools of Tomorrow』の第六章で、モンテッソーリのディシプリン論を直接に取り上げ、検討している。

そこにおいて、デューイのモンテッソーリに対する評価は全体としては好意的であり、前節で紹介したようなモンテッソーリのディシプリン論をデューイ自ら要約、解説した上で、次のように高く評価している。

「モンテッソーリは、学校が子どもたちを身体的に抑圧し、精神的な受動性と従順さを教えることは、学校の機能を取り違えているのであり、ほんとうに子どもを傷つけることだと考えている。(22)」

「ディシプリンとは、簡単に言えば、独立して何事かをなす能力なのであって、制約に屈服することではない。

このような活動的ディシプリンは、あらゆる効果的な作業のために活動の範囲を自由にし、同時に子どもの内発的な衝動を抑圧しないものだが、それを実現するために、通常のディシプリンの方法は廃棄され、ディシプリンの消極的ではない、積極的な側面を強調するための方法が展開されている。(23)」

「この国（アメリカ：引用者）の教育者たちは、…教師が子どもの本当の力と関心を知ることを可能にする、教室における一定の自由の確保のためのモンテッソーリの努力を歓迎する。…彼女は本当の教育にとって不可欠なものとしての自由の教義を普及した、最も重要な人物になった。(24)」

そして、このようにモンテッソーリを高く評価するのは、従来の学校におけるディシプリンのあり方では、民主主義社会を担っていく主体として子どもたちが育たないと考えるからである。

「学ぶことを行うことと結びつける教育は、他の者が学んだことを伝達するだけの受動的教育に取って代わるだろう。そのような受動的教育がいかに封建社会には適合していたとしてもである。封建社会においては、ほとんどの個人は上位の者の権威につねに従順に服従することを期待されていた。このような基礎の上に進められる教育は、民主主義社会と相容れないものである。民主主義社会においては、自発性と独立性が規則であり、すべての市民が共通の関心事の運営に参加することが想定されているのだ。現在において、教育における自由の理念と最も影響力あるかたちで結びつけられている声が、イタリアから鳴りわたっていることは、民主主義の精神の広範な発展にとって重要なことである。(25)」

従来の—多くの場合現在でも—学校での学習は、デューイの言う「他の者が学んだことを伝達するだけの受動的教育」である。この「他の者」とは、ある学習内容を既に学習し終えた者、多くの場合には大人や教師を指すだろう。子どもから見れば、教師が既に学び、既に知っていることを、そこに新しいものを付け加えることなく、「受動的」に「伝達」されることが従来の学習である、というのである。それに対しデューイが提示する代替案は、「学ぶことを行うことと結びつける」こと、すなわち、子どもの能動的、自発的な学習要求にしたがった活動を通じて学ぶことである。それはモンテッソーリが幼児期について論じた、子どもの内的な発達要求に応じて学習内容を子ども自身が選択し、教具の操作という活動を通じて学習することと通じる。

だが、デューイはモンテッソーリの方法を全面的に賞賛しているのではない。以下に見るように、主に二つの点でモンテッソーリを批判してもいる。

一つは、モンテッソーリの教具についてである。

モンテッソーリの教具は、子どもの様々な感覚の中から一つのものだけ(触覚だけ、視覚だけ、といったように)を独立して訓練できるよう工夫されている。たとえば形を弁別するためのはめ板は、他の要素(色や大きさ、素材など）は全て同一で、形だけが異なったものである。また、子どもが自分の作業が正しいのかどうかを、教師に言われなくても自ら判断できるように、間違いが自動的に判明する仕組みになっている。たとえば大きさの違う一〇の分銅を、板に開いた分銅の大きさと等しい穴に収めていく教具があるが、より大きい穴に小さい分銅を入れることはできるものの、それをやってしまうと一〇の分銅全てを穴に入れることはできず、子どもには「失敗」であることが明確にわかる。これは、教師がいちいち介入して「誤り」を指摘することは子どもに必要以上の失敗感を与えるおそれが大きいために用いられている工夫である。このような教具の特徴をモンテッソーリは「自己修正的」と表現している。こうした、教具の性格によって学習の課題や正誤の判定が決定されることについて、デューイは次のように論ずる。

「身体的には、モンテッソーリの学級の子どもたちはアメリカの（デューイが提唱する方向の改革を行っている：引用者注）学級の子どもたちよりも自由であるが、知的にはそれほど自由ではない。彼らは行ったり来たりし、仕事をしても怠けてもいいし、きわめて自発的に話したり動き回ったりする。それぞれの子どもは独立に、自己修正的な教具に取り組んでいる。だが、子どもたちには創造する自由が与えられていない。彼は自分が使う教具を自由に選ぶことはできるが、かれ自身の目的を選ぶことも、かれ自身の計画にあわせて教具を使うことも、許されていない。というのも、教具はあらかじめ定められた方法で扱わなければならない、数種類のものに限定されているからである。(26)」

つまり、デューイはモンテッソーリの言う「自由」をさらに拡大して、学習の場で子どもが行う活動の目的そのものを、子ども自身が選べるようにすべきだ、と言うのである。

前節で論じたように、モンテッソーリにおいて子どもの活動の目的は、子どもの内的な発達上の要求によって決定されるものと考えられていた。確かにそこには子どもの自覚的な意思はなく、教師など外部の指示に従うのではないものの、自らの身体的・生理的要求に従うという意味では、意思は「自由」ではない。生理的要求に従って身体の訓練を進めることが乳幼児期には必要であるとしても、年齢が上がるにつれて子どもの意思や要求には社会的要素が入り込み、同じ発達段階にある子どもであっても、異なる意思をもつ場合が増えていくだろう。モンテッソーリが対象としたのが主として乳幼児であったのに対し、デューイが小学校以降の教育を主に考えていたという違いも、この批判には反映しているだろう。

続いて、デューイは次のように述べる。

「多くのアメリカの教育者たちは、生徒に正しい思考と判断をする習慣を身につけさせるための訓練は、生徒に本物の問題を提示するような素材によって、最もよく達成されると考えている。(27)」

つまり、モンテッソーリのように、一つの感覚を訓練するためだけに開発された人為的な教具を用いるのではなく、実際の生活のなかで用いられる様々なものを素材として用い、それらの用い方にも様々な可能性がある（モンテッソーリの教具が意図された感覚の訓練にしか用いることができないのと異なり、たとえばスコップは、石や砂を集めるためにも、形を整えるためにも、量を計るためにも用いることができる）なかで、用い方そのものを子どもが考えながら、「本物の問題」（実際にモノや料理をつくるなど）に取りくむべきだ、ということだろう。モンテッソーリの教具は、子どもの諸感覚の発達を、それぞれの特定の感覚の訓練に分解し抽出する（abstract）という意味で、高度に抽象的（abstract）なものであり、子どもの本能的な発達要求には応えるかも知れないが、現実の生活の文脈における子どもの意識的な関心に応えるものではない、とまとめることができる。

デューイによるモンテッソーリ批判の第二の点は、ディシプリンの問題に直接関わってくる。その点についてのデューイの論述を、やや長く引用する。

「子どもたちが学ぶべき大きな事柄は、二つの部分からなっている。というのは、子どもたち自身が属する世界への子どもたちの適応は、人との関係とモノとの関係の両方を含んでいるからである。…「子どもたちがこの二重の適応を学ぶことを保障する最良の方法は、学校外で彼らが扱わなければならない諸条件を真に代理する（represent）ような仕事を、彼らに与えることである」と、アメリカの学校教師たちは言う。

教室の外では、子どもは…他の人びとと共に生活しているが故に自分に課せられる要求を、満足させなければならない。もし子どもが自分自身と他の人びとのために、このことを首尾よくなし遂げたいなら、重要なことは、…社会の一員としての自分にたいして、また自分にとって、事物や人びとがもつ意味を理解するために、自分の感覚を正確に使用できるということである。

…アメリカの進歩的学校では、強調は、実際の生活において典型的であるような状況で、自分の感覚と判断を用い、テストするという、より大きな自由におかれる。これらの状況は社会的なものであるから、それは子どもたちが共有する目的のために、共に働くようなものである必要がある。それは社会的なものであるから、教師による援助を許し、しばしば必要とする。通常の生活上の出来事において、人が他者からの支えを得るのとまさに同じように。他者からの助けは、自由の侵害として怖れなければならないようなものではない。(28)」

以上の論述から、デューイがモンテッソーリの方法に欠けているものとして「人との関係」すなわち「社会的」な要素を強調していることがわかるだろう。

学習を成立させるためのディシプリンは、一方でモンテッソーリの言うように学習内容それ自体が一人の子どもにとって魅力的なものであること、熱中し専心できるものであること、から生ずる。しかしその熱中や専心は、個体としての子どもの生理的な発達要求からのみ生じるものではない。人との関係において生きる人間は、互いに、関係する人の自分への求めに応じて、動機づけを得たり意欲を育てたりする。もちろん、他者との関係のなかでこそ、強制や権威による支配も生じているわけだが、ここでデューイが強調している他者との関係性は、目的を共有する人びとの対等な関係である。共有された目的のために、それぞれの個人が、自らの感覚や能力を活用して、ある活動や作業を行う。そうした活動や作業においては、他者との協同を理由とする責任の意識など、社会的な動機づけがはたらく。これもまた、個人がその活動や作業を注意深くやり遂げるためのディシプリンを生む要因となるだろう。

もう一つこの引用で語られていることは、社会的な協同の作業においては、他者からの援助もまた位置づけられるということである。モンテッソーリにおいては、子どもがある教具を用いた訓練をうまく行えない時、教師は失敗を指摘することもしないが、援助もしない。なぜなら、失敗は子どもの発達がその作業を行う段階に未だ至っていないから起こるので、他者が援助して無理に成功させることに意味はないと捉えられるからである。そのような場合教師は、黙ってその教具を子どもから引き離し、ある程度の時期を経て、子どもが自然に成功できるようになるのを待つだけである。これに対しデューイは、学校で子どもが学ぶべきことは、実際に社会生活において子どもが（現在または将来）直面する様々な状況を、知的に解決していくことであると考えている。そして実際の社会生活においては、私たちは必ずしも独力で全てを解決できるのではない。他者の適切な援助を求めること、援助を受け入れること、それらもまた、状況をより望ましい形で解決するために必要な能力なのである。

ディシプリンとの関係で言えば以下のようなことが言えるだろう。自分一人では解決できないこと、成し遂げられない目的が、自分とは異なる力をもった他者（子ども同士でも、教師を含んでもよい）と協同することによって成し遂げられるという経験は、それ自体で、協同の取り組みにたいする個々の子どもの動機づけをより向上させるだろう。同時にまた、自分も他者に対してそのような貢献をし得ると感じることは、社会的な動機づけをも向上させることが考えられる。さらに、他者が示した自分にまだない力の有用性を感じとることは、そうした力を自分も獲得したいという、成長への意欲という意味での動機づけをも生み出すだろう。総じて、学習活動の過程にお互いを援助し合うことを位置づけることは、学習活動への動機をより確かなものにし、その結果として内発的・積極的なディシプリンをより成立させやすくするものと考えることができる。

デューイのディシプリン論についてまとめるならば、学習のディシプリンは、子どもたち自身が選び取り共有した目的に向けて、協同の活動を行うなかで得られると言えるだろう。そこでは、モンテッソーリと共通して、学習そのものへの専心もディシプリンの一因であるが、他方でそれだけではなく、その活動が他者との協同を含む社会的なものであることから、一方で責任の意識が、他方で援助し合う関係が成立し、それらもディシプリンの成立要因となると考えられている。

学校における学習は、現実にはしばしば、学習そのものに目的を見いだせていない子どもたちが、皆同様に、しかし個別に、同じ課題に取り組むという様相を呈している。これでは、デューイの言うディシプリンが成立する条件はまったく欠けていることになってしまう。近年広がりを見せている協同学習の様々な取り組みは、こうした意味で、学習に協同性と動機づけとを取り戻し、そのことによって学習のディシプリンを成立させる取り組みと捉えることもできるだろう。たとえば佐藤学は、次のように述べている。

「「学び合う関わり」は、つまずいたり困難に直面した子どもが「ねえ、ここ、どうするの?」と援助を求め、その要請に他の子どもが応えるという関係である。このことは、教室に二つの倫理を確立することを要求している。一つは、わからなくなったりつまずいたら、仲間に「ねえ、ここ、どうするの?」と尋ねることを教室の倫理として確立することである。もう一つの倫理は、教室の仲間から「ねえ、ここ、どうするの?」と尋ねられたら、たとえ、教師が話している最中でも、必ず誠意をもって仲間の要請に応えることである。この二つの倫理は、小学校一年生でも遵守すべき倫理として確立する必要がある。(29)」

「教師が話している最中でも」仲間の問いかけには応えないといけないことを、学習のディシプリン、佐藤の言葉で言えば「倫理」とするなら、これは「教師が話している時には黙って聞く」という従来の「学習規律」とは背反することになろう。

つまり、学習のディシプリンを外圧的なものではなく内発的なものとして成立させるためには、従来の学校文化や学校の慣例こそが、大幅に見直され改編される必要があるのではないだろうか。従来型の徳目主義的な「道徳教育」を通じて、旧来の「規律」を子どもに押しつけることでは、ますます学校や学習を忌避する子どもが増えるだけではないかと危惧されるのである。

注

(1) ここで「非民主的」とは、①手続的な問題(規則の制定過程で生徒の意見や要望が聞かれ、正当に尊重されたか)と、②内容的な問題(規則そのものが、憲法や子どもの権利条約に照らして適切なものであるか)の両者を含んでいる。両方の条件を満たした民主的な規則や規範しか存在しないという学校は、残念ながら現代の日本にはないだろう。

（2）モンテッソーリ『子どもの発見』、国土社、一九七一年、二六ページ。なお、本書における引用は越野による訳であるが、読者の便宜のため翻訳書（鼓常良訳）の該当頁数を示す。参照した英文は M. Montessori "*The Discovery of the Child*", Aakar Books, Delhi, 2004.

（3）同前。

（4）J．デューイ「経験と教育」、『デューイ＝ミード著作集　七　学校と社会・経験と教育』人間の科学社、二〇〇〇年、一八七ページ。ただしデューイについても引用に用いたのは越野による訳である。参照した原文は John Dewey "*Experience & Education*", Touchstone, NY, 1997.

（5）同前、一八一ページ。

（6）J．デューイ『民主主義と教育（上）』、岩波文庫、一九七五年、九五ページ。引用は越野訳。参照した原文は John Dewey "*Democracy and Education*", Dover Publication, NY, 2004.

（7）J．デューイ「明日の学校」『デューイ＝ミード著作集　八　明日の学校・子どもとカリキュラム』人間の科学社、二〇〇〇年、二三〇ページ。引用は越野訳。参照した原文は John Dewey "*Schools of Tomorrow*", E. P. Dutton & Company, NY, 1915.

（8）Philip W. Jackson "*Life in Classrooms*". Teachers College Press, 1968. Reprinted Edition, 1990. p.36

（9）スティーヴン・ハンフリーズ『大英帝国の子どもたち　聞き取りによる非行と抵抗の社会史』柘植書房、一九九〇年、八七ページ。

（10）モンテッソーリは幼児教育用のきわめて多彩な教材・教具を開発し、子どもの家で用いた。それらは主に子どもの感覚や身体操作を訓練するためのもので、「感覚教材」と呼ばれる。今日でも、当時の感覚教材に改善を加えたものが、世界の幼児教育の場で（モンテッソーリ・メソッドを採用しているところでは特に）用いられている。

(11)宮ヶ谷徳三「フレネ教育思想の形成と展開」C．フレネ（宮ヶ谷訳）『仕事の教育』明治図書、五五ページ。エリーズ・フレネは、二〇世紀フランスの新教育思想家・実践家であったC．フレネのパートナーであり共同実践者。なおこの引用に続く部分で、モンテッソーリの「子どもの家」の子どもたちの様子については、逆に行儀が良すぎるという違和感も述べられているが、フレネ夫妻がモンテッソーリ・メソッドから学ぶべきところがあると考えたことは間違いない。

(12)モンテッソーリ前掲書、六三ページ。

(13)同前、三四六ページ。

(14)同前、三四七ページ。

(15)モンテッソーリ『自発的活動の原理　続モンテッソーリ・メソッド』九二ページ。

(16)モンテッソーリは、子どもが一つの教具で練習するのは一つの感覚に限定することが望ましい（他の感覚が混在すると混乱が起きる）と考えたため、大きさの異なるはめ板は、他の要素（形、触感、色）は同一である。他のセットとして、形だけが異なるもの、色だけが異なるもの、などがある。モンテッソーリの教具については『モンテッソーリ・メソッド』に詳しい。

(17)『子どもの発見』一一七ページ。

(18)同前、三四二ページ。

(19)だが、これとて不可能ということではない。モンテッソーリの「子どもの家」における実践から多くの示唆を得たという、ヘレン・パーカーストの教育改革プラン（いわゆるドルトン・プラン）は、時間割とチャイムに従って全ての子どもの活動内容を決定するという従来の学校のあり方を変え、子ども自身が各教科の学習時間の配分を自己決定することを許すものであった。大正自由教育期には日本でも一部の公立校でこれが採用された経緯がある。また、現在ヨーロッパにおいては、オランダなどそのような方法を一般の公立小学校で実践している国もある。

(20)『自発的活動の原理』六四ページ。
(21)同前、五六ページ。
(22)「明日の学校」一二一ページ。
(23)同前、一二三ページ。なお、邦訳書（河村望訳）ではディシプリンは一貫して「訓練」と訳されている。
(24)同前、一三七ページ。
(25)同前。
(26)同前、一三三ページ。
(27)同前。
(28)同前、一三三〜一三六ページ。
(29)佐藤学『教師たちの挑戦　授業を創る　学びが変わる』小学館、二〇〇三年、二一ページ。

第九章　市民を育てる学校道徳教育の創造へ

一、小学校低～中学年の道徳教育を考える

本書の終章にあたる本章では、前章までの論述を踏まえながら、学校での具体的な道徳教育のあり方を考えていきたい。今日の学校現場の状況からすれば、ただちに実行することは難しいような内容も含むことになるが、道徳教育、あるいは道徳の授業の「代替案 alternative」の一つの提案として、今後の学校道徳教育のあり方をめぐる議論への一石として受け止めていただければ幸いである。

その際、第六章で論じたように、徳目主義や心情主義といった従来の道徳教育の難点を超えること、さらに言えば、民主主義社会の主権者たる市民を育てるために、どのような道徳教育がふさわしいのか、あるいは必要なのか、という観点を中心において考えたいと思う。

そのように考えるならば、上から、あるいは外部から押しつけられた「道徳」を、いかに子どもに鵜呑みにさせるか、という道徳教育観が、まず斥けられなければならないだろう。子ども自身が道徳についての自らの思考・判断を踏まえて道徳性を獲得することが、道徳教育の基盤でなければならない。だとすれば、子どもの発達に応じて、どのような思考や判断が可能となるのかということが、どのような道徳教育が可能かの前提条件として認

識されなければならないだろう。

したがって、子どもの年齢と発達段階に沿って、まず小学校低・中学年から論じたいと思う。その際、ルソーの消極教育の原則（第七章）は尊重されるべきだろう。

しかしこの原則が私たちにとって重大な意味をもつのは、これに直接的に従うならば小学校段階（少なくとも四年生以前）においては道徳教育は行うべきでない、ということになる点である。これをどう受け止めればよいだろうか。

ルソーは様々な「極言」を残しているが、「消極教育」の原則は現代においても正しいと言えるものだと筆者は考えている。道徳教育についても、「徳」や「善」といった抽象的概念や、一般化した「よいこと」について考えさせるには、抽象的な思考能力が十分に育っていることが前提となるだろう。ただ、だからといって一〇歳ないし一二歳以前には一切の道徳教育実践が不可能なのではないと思う。いずれ、自らの自律的思考によって「何がよいことか」を考えはじめる子どもたちに、その前段階として、価値の問題を考えるための土壌を各自のなかで豊かにしておくことは、できるのではないか。そして、それこそが小学校低・中学年の「道徳教育」の中身になるべきではないかと考える。「徳」や「善」、あるいは「きまり」や「よいこと・わるいこと」そのものについて教えようとしたり考えさせる段階ではなく、いずれそれらを適切に考えることができるために、子どもの感性や感覚を豊かにする（あるいはそれらを貧しくすることを阻む）ことが、この段階では求められるのではないか。

以下、具体的に考えられることを挙げてみたい。

「自己肯定感」の維持・回復

自分にとって、あるいは自分を含めた人々にとって、なにが「よい」のかを考えるために欠かせない前提として、自己の存在を肯定し、生を大切にし、幸福（よりよい生）を追求しようとできること、がまず挙げられるだろう。自分や自分の生について否定的な態度しかとり得ない人は、他者の生をも肯定することが難しい。このような意味での自己肯定感を損なわないことが、まず課題としてあげられる。

ここで言う自己肯定は、自分が他者と違って「何かができる」とか「優れている」といった理由での自己肯定ではない。とりたてて「長所」や「得意なこと」「ほめられること」が見当たらなくとも、生きていること自体を否定せず、自己の生をありのままに肯定し、「生きたい」と思えることである。このような意味での自己肯定は、意識化はされずとも、人間のみが、成長のプロセスのなかで、社会的要因によってこれを損なわれるのである。いるだろう。おそらく人間以外の全ての動物がもっていると言ってもいいし、生まれたばかりの赤ん坊ももって

これを損なわないことを少年期の教育課題として挙げなければならないほど、今日子どもたちがおかれている生活状況は苛酷であると、筆者は考えている。学校現場では、子どもたちが毎日のように「しんどい」「疲れた」というつぶやきを漏らしていないだろうか。

まず、子どもたちを「しんどい」状況にさせ、生を苦しいものにしている原因には、物理的なものがあるだろう。子ども期から競争的な価値観にさらされ、学校でも習い事などの場でも「がんばる」ことを強要される。他方で、ディーセント・ワーク（まっとうな仕事）が激減するなかで子育て世代の大人たちの生活そのものが破壊され、栄養、安全確保、生活のリズムなど、あらゆる面で子どもたちの生活も巻き添えにされている。こうした状況のなかで、子どもたちは身体的に疲れ、精神的にもしんどくなり、「生」への希望そのものが掘り崩されているのではないか。

だとしたら、学校という場で子どもたちに「休むこと」「のんびりすること」を保障することを考えてもいいのではないか。

このような提案は、あまりにも非常識なものと受け取られるかも知れない。学校は従来、子どもたちが「活動する」「がんばる」場だったし、現在でも無意識にそう考えられているだろう。だがそれは、のんびりしたりゆっくり休んだりする時間が学校外で確保されていると いう想定の下で、だったのではないか。社会環境が変わり、子どもが従来学校外で保障されていたことが保障されなくなっているのであれば、子どもたちの健康で豊かな成長を保障するためには、学校もそのあり方を大胆に変えなければ、子どもたちの育ちを支えることにならないのではないか。例えばJ．R．マーティンは、かつて家庭が当然のこととして子どもに提供していた、「三つのC」で表される価値（ケアcare、関心concern、つながりconnection）が、今日家庭によっては提供し得なくなっているとし、これらを提供するための学校改革を提案している。(1) 国連子どもの権利委員会が、子どもの権利条約第三一条「余暇、休息、レクリエーションへの権利」が侵されていると繰り返し勧告するほど、日本の子どもたちには安心して休める時間、場所がない。

そして、過度の強いられた「がんばり」は大人においてもうつ的状態につながるように、子どもたちにおいても自らの生そのものを肯定できない心理状態を生んでいる可能性がある。

教師が子どもたちの様子をよく見て、全体に「疲れている」「ストレスがたまっている」と感じるようであれば、思い切って道徳の時間に「休む」ことをまず提唱したい。ごろごろできる空間が学校内にあるのなら、「おひるね」の時間にしてもいいし、季節によっては「ひなたぼっこ」でも「木陰で涼む」でもよい。とにかく、子どもたちが日頃のストレスを一時的にではあっても忘れ、安心できる、ほっとできる時間をつくり出すこと。誤解のないように言っておくが、これは道徳の授業をサボタージュする提案ではなく、子どもたちが後に道徳を考える素地として、まず自己の生を肯定できるような経験をできるだけ豊かにしておくことが必要だ、という趣旨の積極的提言である。

したがって、必要があれば休むことも求められるが、同じ趣旨から必要となるのは休むことだけではない。ここでの論旨は、自己の生を否定しないためには、自己の生において多くの快を味わうことが必要だ、ということである。後に思春期を迎え、自らの存在自体を子どもが考えるようになった時、蓄積された自己否定感情に苛まれて、「生きていてもいいことなど何もない」「死にたい」とだけ思わずにすむように、「生きていていいこともあった」と気づけるために、快の経験を意識的にしておくこと。その快が他者の存在と結びついているならばなお、自己肯定が他者肯定に拡大していく素地となるだろう。たとえばスキンシップを意識的に行う時間、大いに笑うことを目的とした時間（もちろん「笑いましょう」と言って笑うのでは意味がない。たとえば子どもたちが大笑いするような絵本―道徳的教訓などは不要で、あえて言えば「面白い」ことが道徳的価値である―を読むなど）、生活科や家庭科と連動させて「おいしい」ものを味わう時間、などが考えられる。

また、家庭生活の中で衛生や健康に配慮した習慣が確立されていない場合もあろう。歯磨き指導などはすでに学校で行われるのが一般的であるが、これも「正しい生活習慣を身につける」というよりも、「歯をきれいに磨くと気持ちいい」という点から、ここでの主旨に位置づけることができる。

日々の生活のなかで自己否定に導く経験が蔓延しているなかで、子どもたちがそれらに呑み込まれ、自己否定の感情に染まらないよう、快の経験をしっかりとさせること、それがまず、小学校低学年で取り組むべき道徳教育の課題である。自己否定は結局、他者を含む世界の否定につながるからである。さらにこの課題は、低学年期に充分に充たされなかったり、あるいは生活環境がさらに苛酷になってくるならば、高学年でも、中学校でも原理的には保障しなければならない取り組みだろう。もちろん、特に身体的なスキンシップは、嫌なのに強要されるならば苦痛以外の何物でもない。子どもたちの状況や心情、教師とのそれを含む関係性をよく見きわめながら導入していくために、教師の「子どもを見る目」がさらに磨かれる必要があるだろう。

「聴く力」を育てる

近年、「コミュニケーション能力」の育成が喧しく言われるが、そこでは「話す」「表現する」ことに重点が置かれ、「聴く」ことが重要であることが見落とされがちなように思う。「聞く態度」などの指導は行われているようだが、それらも時に「姿勢良く」「静かに」といった態度の訓練―外圧的ディシプリンの強要―に陥ったり、「うなずきながら」「メモをとりながら」といったスキルの訓練になってしまっている場合がある。ここで言う「聴く力」とは、態度やスキルの問題ではなく、他者の発話、あるいは書かれていることをも含めて、それら自己の外側からの「発信」を、自己の考えに影響を与えうるものとして受け取る力のことである。道徳や価値観の問題について、子どもたち自身が後に考え、語り合い、必要ならば合意も形成できるようにしていく上で、他者の発話を真摯に誠実に、かつ深く「聴く」力はきわめて重要である。

そのような力は、別段聞きたくもない話を強制によって行儀よく聞かせることでは育たない。他者の発話を聴くことが自分にとって「面白かった」「ゆさぶられた」という経験によってこそ―聴くことの快を味わうことで―育っていくものと考える。

たとえば、読み聞かせ、あるいは「おはなし」の実践が考えられる。聴くこと以外に子どもの関心を散らせないために、後から感想を書かせたりはしない方がいいだろう。ただ、他者の語りを聴き、味わう。子どもたちが聴き入る作品があれば、同じものを繰り返してもよい。はじめのうちは絵本もよいが、徐々に言葉だけから情景やストーリーや心情を想像できるようになってくれば望ましい。何より、子どもたち自身が引き込まれる、夢中になれるような作品を選んで語り聞かせることである。できれば、これも気を散らさないために、部屋をやや暗くして、柔らかい床に車座に座って（寝転んでもいい）、誰か（教師でなくてもよい）の「おはなし」に耳を傾け、語られている内容を受け取り、それによって自己の中の何かが動かされるような経験を、たっぷりともたせたい。

子どもたちの状況を見ながら、短いものから始めて、皆が強制なしに聴けるようであれば徐々に長いものへと移っていくのもいいだろう。子どもにとって魅力のある絵本や児童文学作品は、その文化財としての力によって、聴く力がそれほど育っていない段階でも用いることができよう。聴く力がクラスの全体に育ってきたという判断があれば、今度は子ども自身が語り手になって、生活のなかでの出来事や感じたこと、考えたことなどを語り、皆でそれを聴く、という生活綴方的な方法にもつながっていく。

「聴き取られる権利」を充たす

他方で、子どもたちはもちろん、ただ「聴く」だけの存在ではなく、表現したいという欲求をもっているし、言いたいこと、聞いてほしいことをたくさんもっている。

子どもの権利条約の第一二条には、「子どもの意見表明権」が規定されている。子どもの関係する全ての事柄において、私たち大人は、子どもの意見を聞き、その年齢に応じてできる限り子どもの意見を尊重しなければならない。だがこの条文もまた、日本の大人たちが—特に学校教育において—充分に履行できていないことを国連子どもの権利委員会から再三指摘されているものである。

なぜこの条文が履行できないのかと言えば、一つにはもちろん、自己の意見をまとめ、述べることのできる子どもたちに対して、そうしたことをさせない、意見を述べる場すら与えないという側面があるだろう。しかし、もう一つの問題として、子どもたちが自分の意見をまとめ、述べる力そのもの、さらに意見を述べたいという意欲を育てていないという側面もあるのではないだろうか。だから高校生や大学生に「皆さんの意見を聞かせてほしい」と言っても、なかなか意見を言わない（言えない）という現実があるように思う。

このように考えるなら、意見表明権の問題は決して自らの意見をまとめられるようになった段階から始まる問題ではない。より幼い時期から、子どもたちに、自分の思いを言葉にできたという満足感を味わわせること、意見を言ったことでよいことがあった（自分の考えに気づけた、誰かに分かってもらえた、何かが変わった、など）という経験をもってもらうこと、が重要になってくる。こうした経験を保障することを、「意見表明権」の前提的権利としての「聴き取られる権利」の保障と捉えたい。そこでは、「意見」の前段階としての子どもたちの―独力では言葉にできない―様々な「思い」を、周りが積極的に引き出し、言葉にすることを手伝い、語ることを励ましていくことが含意されている。

こうした文脈から実践を考えるとき、生活綴方教育と、フランスの教育者C. フレネ（Celestin Freinet、一八九六～一九六六）が創始した「自由テクスト」の実践が思い起こされる。

日本の生活綴方教育については、本書第二章を参照されたい。ここではフレネの実践について若干触れておきたい。

フレネは、フランスの山村で公立小学校に勤務していた時代に、「自由テクスト」の実践を開始した。それ以前から子どもたちに読み書きを教えようと懸命に取り組んでいたのだが、教科書に掲載されている文章には子どもたちがいっこうに関心を払わない。ところがある日、フレネが教室に赴くと、子どもたちが登校途中にそれぞれつかまえてきたカタツムリを競走させて、大いに教室が盛り上がっている。そのなかである子が、興奮した様子で、自分のつかまえたカタツムリの様子と、競走の結果を、黒板に文章で書いた。この出来事に触発され、フレネは以後、子どもたち自身が書いた文章を、皆で推敲して高め、完成した文章を活字に組んで印刷し、それを教科書（テクスト）とする「自由テクスト」の実践を確立していく。こうした実践は生活綴方と共通する点も多いが、日本の生活綴方実践が子どもの作品をそのものとして尊重する傾向が強いのに対し、フレネの実践では学級の皆で「推敲」するプロセスが重視されている点で特徴が異なっていると思う。フレネの場合、もともとがフランス語の授業の文脈から出発しているので、文法的な誤りや綴りの誤りなども「推敲」の対象になるが、それにとどまらず、「この文章で作者（書いた子ども）が言いたいことは何か」「それを言うためにはどう表現するのがよいのか」ということも子どもたちの中で話し合われる。こうした取り組みは、自分の中の「思い」をより適切に言語化するための練習になる。しかしそれだけではなく、著者にとっては自分の考えを他者が一緒に考えてくれるという経験の機会となり、著者以外にとっては、自分以外の誰かの「思い」を想像し、くみ取り、共に考える経験の機会となるだろう。こうした取り組みを通じて、フレネが、既成の価値観や「徳目」に一方的に縛られない、自律的に思考することのできる人間を育てようとしていることは、例えば次の引用から読みとることができる。

「…学校に入った時から子どもは、自分に代わって、他人が書いたこと—言ったり、考えたりしたこと—を読み始める。だがまれにはあるとしても、子どもは自分で言ったこと、あるいは自分が言いたかったことを読むことは決してないのである。／ここに根源的な欠陥がある。ここで子どもはすでに他人の思考の型にはめられ、徐々に自分自身の思考を殺してゆくことになる。これは大人への強制的隷属である。われわれは教理問答の問いと答を暗記させる司祭様と同じことをやっているわけだ。このようにして子どもを高めることができるわけはない。(2)」

目的を共有し、協同する経験

前章でデューイのディシプリン論について述べたが、デューイがディシプリンをも育てるものとして提案した学習活動は、「仕事 occupation」を核としたものである。しばしばこれは、occupation が職業という意味をもっていることもあり、作業学習を意味するものと捉えられてきた。たしかにものづくりや料理などの作業が典型的なオキュペイションとしてデューイ・スクールでも位置づけられていたが、田中智志も指摘するように(3)、occupyは「占める」という意味であり、そこから派生したoccupationはある人が専心する活動を意味するのであって、単に職業や作業を意味しているのではない。デューイの言うオキュペイションも、子どもたちがそれに専心するような活動、という意味であると捉えられる。そうした活動が道徳教育上の意味をもつのは、前章で論じたとおり、そこで子どもたちの、人とモノに対する関係性が成長するからである。

まず、活動の目的が子どもたちに共有される必要がある。そして、活動の内容が、皆で同一のことをするのではなく、子どもたちの間で分担（責任の共有）と協力（助け合い）が可能になるような、多様な活動から構成されることが必要であろう。

たとえば、和歌山市のある公立小学校では、近隣の海からテングサを集めてきて、そこから寒天をつくり、その寒天を用いたスイーツをつくり、文化祭で売って、利益を宿泊学習の参加費や学級費にする、という活動が行われている。(4)自作のスイーツを売り、皆で使うためのお金を得ようという目的は、子どもたちに理解しやすく共有されやすい。その目的に基づいた活動は様々な作業や知識の獲得を必要とし、子どもたちは文字どおり自分の「しごと」として、役割分担をしながら真剣にそれぞれの作業や学習に専心する。低学年の子どもだけではこのような活動は難しいかも知れないが、異学年合同の取り組みであれば、ますます分担の有効性は高まるだろう（力量の違う子どもたちが、それぞれの持ち場を担当することが自然に可能になる）。道徳の時間だけでは時間が足りないだろうが、生活科や特別活動、総合的な学習の時間とも連携しつつ、子どもたちが専心していくならば放課後も活用できるだろう。

そのようなプロジェクトの中で、子どもたちは有意味な学習をすることの価値を学び、専心するというディシプリンを身につける。また、協同を必然とする活動のなかで、他者との協同における責任や助け合いという道徳的価値を、自ら獲得することが可能となるだろう。もちろん、プロジェクトの内容はものづくりに限定されない。デューイ・スクールでは教科（歴史）の学習と連動した「劇化 dramatization」がオキュペイションの一つに位置づけられているが、これなども、それを目的として子どもたちが選びとるならば（提案するのは教師でもよい）、多様な分担と学習を可能とする文化的プロジェクトとなり得るだろう。

以上、不十分ではあるが、小学校の低～中学年で可能であると思われる道徳教育の取り組みについて論じた。はじめに述べたように、この段階ではまだ一般的・抽象的観念としての「道徳」や「きまり」は扱わない。従来の「道徳の時間」に扱われるべきとされてきた「徳目」はもちろん、人権も平和も民主主義も、直接には登場しない。後に、子どもたちがそれらの観念と出会ったときに、その価値を理解し、自らそれについて考えることができるようになるための、いわば「素地」の段階である。そうした観点から、ここに書いた以外にももちろん、有効な取り組みや優れた実践はあり得るだろう。

最後に触れておきたいのは、「道徳」の時間のみにおいて、ここで論じてきたような価値—一人ひとりの肯定、聴くこと、聴いてもらえること、協同することなど—が実現したとしても、学校生活の他の場面ではそれがないがしろにされるような状況であれば、これらの取り組みも効果を減殺されるだろうということだ。残念ながら現状では、学校や教師自身が子どもたちの自己肯定感を毀損したり、競争的価値観を助長したり、他者に耳を傾ける機会を制限・否定したり、「意見」を言うことで嫌な思いをさせてしまったりしているのではないか。

各章で述べたことの繰り返しになるが、子どもたちにいかに民主的な道徳の主体になってもらうか、そのための教育のあり方を根本から考えることは、今日の学校教育のあり方そのものを根底から問い直す契機をも孕んでいるのである。

二、小学校高学年〜中学校の道徳教育

発達論的な前提

一〇歳から一二歳頃にかけて、子どもの脳は質的な発達を遂げるとされる。第七章で述べたように、それは抽象的な思考能力の獲得である。この時期から、大人が推奨する「徳目」の単なる教え込みではない、抽象的概念としての善悪を子ども自身が考え、獲得する教育が初めて可能になってくると言えるだろう。

しかし他方で、子どもが自分の頭で考え始めるこの時期は、大人にとっては「やっかいな」時期でもある。それまで、教師や親など身近な大人の言うことに「素直に」従っていた子どもが、自分の頭で考え始めたが故に、そして「自分で考えたい」という正当な欲求を持ち始める故に、「言うことをきかなくなる」のもこの時期の特徴だからである。子どもは、大人が言うきまりや指示を、自分で考え、吟味して判断してみたくなる。そのために、あえて「言われたこと」と違うことをしたり、指示に逆らってみたりもする。この新しい力の行使は、まだ使い始めであるが故に、時に行き過ぎたり、極端な判断をしたりしがちであり、大人から見れば何とも不安定で「反抗的」に映る。しかしそれは子どもの正常な発達のあらわれであり、様々な事柄を視野に含め吟味した上で自分なりの判断を行うという、自律的な人間にとって必要不可欠な力を「練習」しながら育てているのだ、と捉えるべきだろう。

そのような前提に立って、この時期の子どもの道徳教育について考えてみたい。

モラルジレンマ考

人間の道徳性（＝特定の徳目や態度ではなく、道徳問題について考える際の思考様式）の発達を研究した米国の心理学者L．コールバーグ（Lawrence Kohlberg、一九二七～一九八七）が、自らの理論をもとに考案した道徳授業のスタイルがモラルジレンマ授業と呼ばれるものである。日本の学校教育においても、道徳教育のあり方を積極的に考えようとする教師・研究者たちによって多くの実践が積み重ねられている。

コールバーグは、人間が道徳に関する判断をする際には、その基礎となる認知的な枠組みに依拠しており、認知的な枠組みは文化的・社会的相違に関わらず普遍的な発達の筋道をもっているため、道徳判断のあり方にも普遍的な発達の道筋が存在すると考えた。たとえば、他者のある行為の善悪を判断する際に、結果だけから判断するか、意図をも考慮して判断するかといった違いは、道徳判断のあり方の違いである。コールバーグによれば全ての文化において、年齢が上がるにつれて人は意図を考慮する傾向を示すという。それは、そもそも結果という客観的なものと意図という主観的なものを区別して考える認知的な能力が、認知発達の結果として得られるものだからである。

そして、ある個人の道徳性の発達水準を把握するためには、道徳的な葛藤状況を示し、善悪の判断を求めた上で、その判断に至った理由を説明してもらい、その理由がどのような水準のものであるかによって把握することができると考えた。

ここで用いられた「道徳的な葛藤状況」がモラルジレンマである。例えば有名なものとして「ハインツのジレンマ」と呼ばれる状況がある。

「ヨーロッパで一人の女性がガンで死にかかっていた。ある薬を飲めば彼女は助かるかもしれなかった。その薬というのはラジウムの一種で、同じ町に住む薬屋が最近発見したもので、薬屋は、作るためにかかった一〇倍の値段の二〇〇〇ドルの値をつけていた。

病気の女性の夫のハインツは、あらゆる知人からお金を借りてまわったが、薬の値段の半分しか集められなかった。彼は薬屋に彼の妻が死にかかっていることを話し、薬を安く売るか、または後払いで売ってくれるように頼んだ。しかし薬屋は承知しなかった。

ハインツは絶望的になって、妻を助けるために、薬屋の倉庫に押し入り、薬を盗んだ。

ハインツはそうすべきだったただろうか。どうしてそう思うのか。(5)」


このような、おそらく大人でも善悪の判断が異なるであろう葛藤状況を提示し、子どもに判断してもらうのだが、重要な点は、善悪の判断そのものを評定するのではない、ということである。この例で言えば、ハインツの働いた盗みにたいして、それを「よい」と考えるか「悪い」と結論するかは問題ではない。問題は、どちらの結論を採るにせよ、そこに至る過程でどのような論理で考えているのか、ということである。その考え方のもつ特徴が、その子どもの道徳性の発達段階を表すと、コールバーグは考えたのである。

モラルジレンマ授業とは、コールバーグが発達診断に用いた葛藤状況を教材（＝ジレンマ教材）として活用するものである。子どもたちに葛藤状況を提示し、主人公がとるべき行動について子どもたちが議論することによって進められる。ジレンマ教材はハインツのものだけではもちろんなく、むしろ子どもたちの日常生活で起きそうなもの(6)が用いられるのが通常であろう。子どもたちはそこでの主人公の行動の当否、善悪を考えることになる。ジレンマ教材は通常の読み物教材とは違い、特定の道徳的価値（徳目）に子どもを誘導することはない。主人公がとった行動の結果も示されず、いわば結末を子どもたち自身が想像しつつ、どうすべきかを議論するものである。

重要な点は、コールバーグによる発達診断と同様、主人公の行動を〈よい〉と考えるか〈悪い〉と考えるかといった「結論」は重視されない、ということである。大人でも一方の結論を正しいと断定できないような状況だからこそ「ジレンマ」と呼ばれるのであり、子どもたちの考えも双方に分かれることが前提とされ、無理に一つの結論に収束させることは試みられない。重視されるのは、ここでも、特定の結論を支持する理由付けの方である。発達診断と異なるのは、授業における討論を通じて行うことによって、子どもたち自身が自らと他者の判断理由を比較考量することができる点である。子どもたちは他者の道徳判断の理由付けに接することとなり、自分の考えよりも優れた理由付けに触れ、考え方を学ぶことが期待されている。

本書第六章の内容と関わらせれば、「徳目主義」と「心情主義」という、これまで道徳の授業が陥りがちであった二つの難点をクリアしているという意味で、モラルジレンマ授業は、従来の読み物教材や説話による道徳教育実践よりは優れたものと評価できるだろう。ただし、以下の点で問題点・限界もまたあると筆者は考えている。まず、モラルジレンマ授業は最終的にどちらの判断が正しいのかの結論をあえて出さない（オープンエンド）。それゆえ、このスタイルの授業ばかりを繰り返すと、子どもたちに「善悪の問題は話し合っても結論は出ない」という認識を暗黙のうちに与えてしまうおそれがある。

第二に、こちらがより大きな限界であると筆者は捉えているが、ジレンマ教材は子どもたちの生活や経験から切り離されているため、授業ですぐれた理由付けや判断を行えても、それが子どもの「本心」であるかどうかは分からないし、実際の生活や態度につながる保証もない、ということである。この点はコールバーグ自身がモラルジレンマによる実践を多数観察した上で、限界として認め、新しい理論を展開した理由でもある。

アクチュアルでレリヴァントな学びへ

コールバーグがモラルジレンマ授業の限界を認めた大きな理由は、それが実際の生活の中での子どもたちの判断・態度・行動に必ずしも結びつかないことであった。(7) 先に例を挙げたような「ジレンマ教材」は、たとえその設定を子どもたちの生活の場に置き換えたとしても、やはり作り話であり、道徳教育の「ために」用意されたものである。子どもはそうした教材の非現実性を見抜き、自分との無関係性を感じるだろうし、だからこそそこでは「道徳の時間だけの」答えを考え、そのためだけの討論になってしまうかも知れない。ここから筆者は、道徳の時間に扱うテーマや教材に現実性＝アクチュアリティを持たせることの意義を強調したい。同時に、現実に起きている（起きた）問題であっても、子どもたちがそれを自分とは関係のないことと捉えるならば意味はない。子どもたち自身との関連性＝レリヴァンスも重要な要素である。

レリヴァントな学びの素材を得るためには、まず、生活綴方や自由テクストの発想が有効であろう。子どもたち自身が日常生活の中から素材をみつけ書いてくる文章を取り上げて、そこに含まれる道徳的な葛藤や判断を題材にするのである。高学年以上であれば、単に綴方を通して子どもたち同士が知り合い、互いへの理解や共感を深めるというねらいだけでなく、生活の中にあるアクチュアルな問題に気づき、その問題についての議論や探求を行っていくという展開もねらいに加えたい。第二章で紹介した無着成恭の『山びこ学校』に収められた綴方実践を思い出していただきたいが、そこでは自分たちの生活の中にある矛盾や疑問から、日本社会のもつ様々な歪みや課題に気づき、それらに取りくんでいくことを中学生たちが動機づけられていた。

筆者が大切だと考えるのは、子どもたちの書く文章や発言、行動のなかに、無自覚ではあっても、現在のアクチュアルな社会問題、道徳問題はかならず反映しているということである。作文や発言をそのものとして取り上げるだけでなく、そこに含まれているが気づかれていない問題への気づきを促すことは、教師の重要な役割だろう。

たとえば今日の過熱した受験競争のなかで、中学生ともなれば多くの子どもたちの生活が「受験シフト」になることを余儀なくされる（小学校高学年でもそうした問題はあるだろう）。教育制度のあり方や受験制度そのものについて子どもたちと考え合うことは可能である。あるいは、経済的強者の利益ばかりが優先され、庶民の生活が圧迫され、格差と貧困の問題は深刻化するばかりである。そうした問題は必ず子どもたちの生活にも影響を与えている。それを子どもの発言や作文から掘り起こし、議論の対象に据えていく。そのようなやり方で、子どもにとって「自分のこと」として考え探求するに値する（レリヴァントな）、社会的に重要な現実の（アクチュアルな）問題について、学び考える場をつくることができるのではないだろうか。

さらに、たとえば子どもの作文から出発した学びが、貧困や格差の問題に及んだときに、文章、映像などの資料で、あるいはフィールドワークを通じて、日本の貧困と格差の現実を学ぶことも、子どもたちに切実なレリヴァンスをもって受け取られるのではないか。これはルソーが思春期を迎えたエミールに与えた道徳教育、すなわち、苦しむ人びとの暮らしを見せること、である（第七章）。このような取り組みが行われるならば、共苦の感覚を育てるだけでなく、子どもたち自身がおかれている貧困の状況を、自己責任や家族責任の枠組みでとらえるのではなく、社会が抱える矛盾として把握することをも助けることになるだろう。

基本的人権を学ぶ

憲法や子どもの権利条約の学習は、言うまでもなく、民主的な道徳教育の内容として大きな部分を占めるべきだろう。だが、それらを学ぶ際にも、前項で述べたアクチュアリティとレリヴァンスという観点は重要である。子どもの権利を含む基本的人権の定式化はきわめて抽象度が高く、単に字面を学ぶだけでは（たとえ子ども向けのテクスト(8)を使ったとしても）それらが具体的に意味することは獲得されず、結果として、いずれ忘れる知識の一つになってしまいかねない。

たとえば受験体制や学力テスト体制のなかで疲れている子どもたちの「だるい」「しんどい」という呻きやつぶやきのなかから、そうした問題への問い―どうして僕たちの生活はこんなにしんどいんだろう―を引きだすことができれば、それと関わらせて子どもの権利条約第三一条の「休息・余暇・レクリエーションへの権利」や、子どもの権利委員会の日本政府への勧告の学習へとつなげることができるだろう。同様に、子どもたちの生活経験・学校経験から生ずる問いやつぶやきは、子どもの権利条約で言えば、子どもの意見表明権や表現の自由、差別の禁止、プライバシーの保障、教育を受ける権利と教育の目的といった様々な条文につながっていく可能性がある。それらを教師が見逃さないこと（もちろんそのためには、教師が一方で子どもの権利条約そのものとその思想をよく理解していること、他方で目の前の子どもたちの生活とその中での思いに敏感であることが、必要である）で、実感を伴った、レリヴァントな権利学習が可能となるだろう。子どもたちは権利をただ知識として知るのではなく、自分たちのものとして、実現させるためには「不断の努力」を必要とするものとして、獲得することに近づくのではないだろうか。

日本国憲法についても同様に、教育を受ける権利（第26条）や生存権（第25条）は、子どもたちから出てくる問いから出発して学習できるはずである。さらに、これまでの基本的人権に関わる憲法訴訟（代表的なものとして朝日訴訟や堀木訴訟（生存権）、長沼ナイキ訴訟（平和的生存権）、大阪空港訴訟や各地での原発訴訟（環境権）など(9)）を通じ、人びとの人生・生活に直接関わるものとして憲法を学ぶことも可能だろう。そうした学習は基本的人権を自らのものとして獲得するためのものであると同時に、すでに触れた共苦の感覚を養う実践にもなる。

〈悪〉について学ぶ

道徳教育は善と悪についての思考力・判断力を養うものである、という点では大方の意見は一致するであろうが、徳目主義的な道徳教育では「善」とされることがなぜ「よい」のかが説明されないのと同様、「悪」についても、いわば問答無用で「悪」である、とされるのみである。二〇〇八年学習指導要領総則に存在した「人としてしてはならないこと」といった表現はその典型であるが、具体的にどのような事柄が、なぜ「してはならない」のかについて、論理的・知的説明は存在しない。

もし「悪」の要素が、特殊な、あるいは異常な人のなかにのみ存在するものならば、それについて一般の子どもとともに学ぶ必要はさしてないだろう。しかし残念ながら現実はそうではない。どのような人の心中にも、様々な悪への誘惑や傾斜は存在するだろうし、悪とは誰にでもある欲求が、他者との関係においてある特殊な現れ方をしたもの、と捉えるべきであり、したがってそれは―それを避けるために―学ぶ必要のある事柄であろうと考える。

もちろん様々な悪が存在するが、ここで特に、現在の子どもたちの状況と社会的重大性に鑑みて取り上げておきたいのは、同調と服従という〈悪〉についてである。

ユダヤ人の哲学者であるH.アレントは、ナチス政権の末端官僚としてユダヤ人の移送・収容計画の作成・実行を指揮したアドルフ・アイヒマンの裁判を傍聴し、その傍聴記録を執筆するなかで、アイヒマンは突出した「悪人」ではなく、むしろ凡庸な一官僚に過ぎないとし、そうした凡庸な人物の周囲への同調と権威への服従こそが巨大な悪を生むという認識から「悪は凡庸である」と述べた。(10) 日本の政治学者丸山眞男も、第一章でも触れたが、戦時期日本の人心のありようを分析した論文において、かの無謀な戦争遂行政策を実施に至らしめたものは、特定の人物の確固たる自律的な(悪の)判断だったのではなく、周囲に同調し権威に従順な―したがっ

て自律的判断を行わない人びとの無責任の連鎖であったと指摘している。(11)

同調・服従の問題は、現代の子どもたちにとっても極めてレリヴァントな問題である。「空気を読む」ことが強要され、「地雷」を踏まないように、日常的な人間関係や自らの発言に極端に気を遣う姿は、過剰な同調圧力の存在を物語る。いじめの傍観者問題も、また「スクールカースト」と言われる現象も、こうした同調圧力の下で生じているものであろう。他方、学校や教師は現在の条件下ではしばしば子どもに服従を強いている当事者でもある。同調・服従は時にむしろ「望ましいこと」として子どもたちの前に現れている。しかし過剰な、そして集団的な同調や服従の先にあるものは、間違いなく全体主義的社会であるし、民主主義社会が主権者各人の自律的判断に従って動くものである以上、それらと民主主義とは相容れないだろう。

子どもたちのなかから、同調や服従による息苦しさを感じている徴候や、それをめぐるトラブルなどが生じた時、その問題を引きだし、一般的問題として同調や服従について考える授業が行えるのではないか。その際、一般的な人間の同調や服従行動に関する心理学実験などは学習の格好の素材になるだろう。

同調実験については、S．アッシュによる実験が有名である。

「アメリカの社会心理学者S．アッシュは、大学生を対象にして次のような実験を行った…。被験者Aが指定された時間に実験室に入ると、六人の被験者がすでに着席しており、Aが席に案内されると実験の説明がなされる。実験は…白いカードに描かれた二〇センチほどの直線と同じ長さの直線をもう一つのカードの三つの直線（二一～四センチほどの差がある）の中から選ぶことを一八回繰り返すという単純なもので、知覚判断の実験だと説明される。

被験者は順番に答えを言っていくが、正解は一目瞭然であるため、全員が同じ選択肢の番号を連呼することになる。最後から二番目、順番が回ってくるとAも同じ答えを繰り返す。これが二回続く。そして三回目の試行。Aは今度も「答えは三番でまちがいない」と思って、退屈しながら自分の順番を待つ。ところが…最初の被験者は驚くべきことに「一番」と答える。…やがて事態の深刻さが明るみになる。被験者Aに順番が回ってくるまで、出てくる答えはすべて「一番」だからだ。…

実験の結果、正解を常に主張できたのは四人に一人にすぎず、残りの四分の三の被験者は最低一回多数派の誤答に同調し、三割の人間は集団の圧力に完全に屈して常に誤答を選択した。(12)」

子どもたちにこの実験を紹介し、その結果についてどう考えるかを議論する。確かに人間関係を円滑にするために、ある程度の同調が有効で、時に望ましいことは事実だろう。しかしこの実験では、人は自分が正しいと確信していることでも、同調によってあえて結論を曲げることがある（それが多数派ですらある）ということが示されている。さらに、そのような同調行動が歴史のなかでどのような役割を果たしたか、たとえば、ナチスの登場前にはユダヤ人の家族と普通に近所づきあいをしていた（親しくさえあった）ドイツの一般市民たちが、なぜナチスの下では迫害に手を貸したのか、あるいは戦時中の日本で、多くの人びとが戦争を内心では嫌だと思っていたであろうに、なぜごく少数の人しかそれを声に出すことができず、結果としてそれらの声は弾圧されてしまったのか、といった問題を提示しながら、同調行動の是非について考えることができるだろう。そして、自分たちの身近な生活との関わりでは、昨日まで普通に話していた友人が、なぜある日突然クラス中から無視されるなどということが起こり得るのか、そのような問いと結びつけることもできるだろう。そのようなやり方で同調について意識的に考えることで、子どもたちの中から、不適切な同調を少しでも減らすことができるのではないだろうか。

また、アッシュの実験は、どのような条件の下で同調行動が克服され得るか、という点についても示唆を与えてくれる。たとえばサクラである回答者の中に、一人でも正答（被験者の考える正答と同じもの）を言う人がいれば、他の大多数が間違った答を選んでいても、被験者が正答を言える確率は飛躍的に上昇する。また、サクラは全員誤答を言うのだが、その誤答がバラバラな場合も、被験者の正答率は向上する。これは、一人でも正しいことを言う「仲間」がいれば、人は同調圧力に抵抗しやすくなるということを示唆しているだろう。子どもたちとそうした理解を共有し、では、実験環境ではなく現実においては、自分は正しいことを言う「最初の一人」になれるだろうか、といったことを考えてみるのも興味深い取り組みではないだろうか。

服従行動について著名な実験を行ったのは、S.ミルグラムである。[13] この実験には、一人の「心理学の専門家」と、二人の「被験者」―教師役と生徒役―が登場する。このうち本当の被験者は教師役を割り振られた一般市民であり、生徒役はサクラで、役者が演じている。被験者には「この実験は学習に罰が与える効果を測定するものだ」と説明され、教師役（被験者）は生徒役に問題を出し、誤答のたびに罰として電気ショックを与えるスイッチを押す、という設定になっている。誤答が繰り返されると電撃の強さを一段階ずつ強くするよう指示が出され、そうした「専門家」による指示に、最終的に「危険」と書かれているスイッチを押すところまで（途中で生徒役が隣室で壁をたたく音が聞こえたり、それも途絶えてしまったりするが）被験者が従うかどうか、途中でやめるとしたらどのような段階で、何をきっかけにやめようとするか、を見る実験である。ミルグラムのこの実験は、前述したアレントのアイヒマン裁判傍聴記から直接に問題意識を受け継いで行われたものである。

ミルグラムによれば、この実験では四〇人中二六人までが専門家の指示に服従し、最後まで電撃のスイッチを押したという。それほど人びとにとって「権威ある」立場からの指示は強い効力をもつということである。

だが同時にミルグラムの実験が興味深いのは、アッシュの同調実験同様、どのように条件を変更すればこうした服従行動が強められたり弱められたりするのかを明らかにしようとしている点である。

基本実験では教師役と生徒役は別々の部屋におり、電撃の効果が生徒役にどう受け止められているかは、（抗議のために）壁を叩く音でしか表現されない。これを同室にして、生徒役が直接苦悶を示したり悲鳴を上げたりすることで、服従行動は減少する。被験者の役割を増やし、電撃板に生徒役の手を押しつけることまで被験者がするようにルールを変更した場合も、服従行動は減少する。また、「専門家」役を二名に増やし（教授と助手など）、その一方が途中から実験に異を唱え始めるといった条件を加味した場合にも、被験者の服従の度合いは減る。逆に、被験者の役割を問題の出題だけにし、電撃のスイッチは別の人が押すようにすると、実験の途中で辞退を申し出る人の割合は極端に減ったという。

こうしたミルグラムの諸実験の結果がもつ意味を、子どもたちとともに考えることは有意義であろう。権威による不道徳な命令に私たちが抵抗できるためには、たとえば上記の実験結果からは、それによって被害を被る人のことをできるだけ近くから理解すること、権力の側にある対立や葛藤に気づくこと、自分のとる行動の結果について想像力をもつこと、といったことが必要になることが示されているのではないか。

これらの実験のもつ問題意識や、その様々な結果について、子どもたちとともに学び意見を交換すること、行き過ぎた同調や服従のもつ悪としての性質、どのようにしたらそこから抜け出すことができるのか、といったことについて学ぶことも、今日の道徳教育の内容として一つの重要な選択肢になり得るのではないだろうか。

三、学校を民主的な道徳環境に

モラルジレンマ授業がアクチュアリティを欠いているために、子どもたち一人ひとりの考え方や態度、行動に大きな変容をもたらさないとして撤退したコールバーグはその後、学校全体が子どもたち自身の民主主義的な参加によって形成される「ジャスト・コミュニティ（正しいことを尊重する共同体）」にならなければならないとして、高校を舞台に学校づくりの実践に取り組んだ。(14)その内実は、日本の学校においても一部の民主的な教師によって取りくまれてきた自治活動の実践にきわめて近く、学校全体での徹底した参加民主主義の実践としてそれをさらに推し進めたものと言ってよい。一五名程度の生徒からなる「コア・グループ・ミーティング」が、一人ひとりが自由に学校に対する意見や問題意識を出すと同時に、いわゆる「基礎討論」を行う場として確保され、そこで出された「議題」が「議題委員会」―生徒会執行部に相当するだろう―によって選定され、毎週二時間を用いて行われる「コミュニティ・ミーティング」―生徒総会、ただし教職員も全員参加する―で議論される。「コミュニティ・ミーティング」での議決は、生徒も教師も同じ一人一票の投票権によって決定される。学校の規則の制定や変更は全てこの手続によって行われる。架空のモラルジレンマではなく、現実に自分たちの生活にかかわり、しかも意見を言い合うだけでなく合意の形成を必要とするような設定へと変更したわけである。コールバーグのこの「転進」が示唆するものは大きいだろう。それはとりもなおさず、週に数時間だけの、生徒の生活と関わらない、区切られた「道徳」の時間だけで民主的な道徳性を育むことはできない、ということを示唆しているように思う。道徳教育は特別活動における参加と自治、総合的な学習を軸とした教科の学習による知的発達と結び合わなければ、子どもたちの生き方に訴えるような力をもつことはできないのである。

繰り返しになるが、本書がここまで述べてきたような諸実践を「道徳」の時間に仮に行い得たとしても、それ以外の学校生活全体のなかで、子どもの道徳的主張が通らず、権利が侵害され、従順であることが強いられるならば、結局学校は矛盾したメッセージを送ることによって子どもたちに混乱と無力感を与えるだけになってしまうのではないだろうか。

子どもたちに伝えたい道徳的価値が、民主主義、平和、基本的人権の尊重といったことなのであれば、まず私たち自身が、学校そのものとそれを取り巻く社会において、そうした価値が実現するよう少しずつでも行動していかなければ、それらの価値を価値あるものとして次世代の子どもたちに伝えていくことにはならないだろう。

本書は、一人ひとりが自ら考え、学び、判断し、意見を言い、他者の考えを聞き、討議し、合意を形成し、そして行動することのできる、そのような人間を民主主義社会の担い手としての市民ととらえ、そうした市民を育てるためにどのような道徳教育があり得るかを考えてきた。他方で、過去に学ぶとすれば、道徳教育はその有り様によっては、こうした市民の対極にある、いわば「無力で従順な臣民」を生み出す装置にも堕しうる。本章で示した実践的提案は、いまだ部分的・仮説的なものを多く含むけれども、市民を育てることを教育の目標として共有できる人びとの中で、これらを試し、鍛え、体系化していくことができるならば、民主主義社会のための新しい道徳教育の対抗的な創造に繋がりうるのではないかと考える。

注

（1）J. R. マーティン『スクールホーム』東京大学出版会、二〇〇七年。
（2）C. フレネ「教科書」、『仕事の学校』明治図書、一九八六年、一一八ページ。

（3）今井康雄編『教育思想史』、有斐閣、二〇〇九年。
（4）柳生真澄「地域に根ざした学校づくりをめざして」、和歌山県国民教育研究所『わかやまの子どもと教育』第五八号、二〇一五年。
（5）L．コールバーグ『道徳性の形成　認知発達的アプローチ』新曜社、一九八七年、四九ページ。
（6）以下の書籍などで、小中学校の学年に応じた様々なジレンマ教材が考案され提示されている。荒木紀幸『モラルジレンマ資料と授業展開』シリーズ、明治図書出版。
（7）この点については、松下良平「道徳教育と生活指導をつなぐ」、『高校生活指導』一九七号、二〇一四年。また、荒木寿友『学校における対話とコミュニティの形成』三省堂、二〇一三年。
（8）名取弘文編『こどものけんり』雲母書房、一九九六年。池田香代子・C．ダグラス・ラミス『やさしいことばで日本国憲法』マガジンハウス、二〇〇二年など。
（9）憲法裁判については、雑誌『ジュリスト』別冊の『憲法判例百選』（複数版あり、有斐閣）が参考になる。また、平和的生存権をめぐる諸訴訟については、訴え出た人びとの生の有り様も含めて、田中伸尚『憲法九条の戦後史』（岩波書店、二〇〇五年）に詳しい。
（10）H．アーレント『イェルサレムのアイヒマン　悪の陳腐さについての報告』みすず書房、一九九四年。
（11）丸山眞男「超国家主義の論理と心理」、一九四六年。『現代政治の思想と行動　増補版』一九六四年、未來社、所収。
（12）山本宏樹「抵抗のための三つの方法　学校の同化圧力を超える」、『教育』二〇一四年九月号、かもがわ出版。
（13）S．ミルグラム『服従の心理』河出文庫、二〇一二年。
（14）詳しくは荒木寿友前掲書、佐野安仁・田謙二編『コールバーグ理論の基底』世界思想社、一九九三年など。

おわりに

二〇一五年の九月中旬、私は国会前に集まった人びとの中にいた。

本書の執筆と、それ以外にも様々な仕事を抱えていたが、いわゆる「安全保障関連法制」の成立を、何もせずにただ傍観していることはできなかった。八月から九月にかけて、これまでの人生で参加した様々な集会やデモの総数に匹敵する数の集会やデモに参加しもした。職場で、思いを共有できる仲間たちと「有志の会」を立ち上げ、声明への賛同署名を募った。

デモに参加した人の数については、その都度主催者発表と警察発表が大きく食い違い、諸説あるものの、この数十年にない規模で多くの国民が、政府の進める政策に疑念を抱き、手続の不当性を指摘し、憲法に縛られるべき政府がその憲法を蹂躙しているではないかと、指弾した。特に、一躍有名になったSEALDsやT-ns SOWL、ママの会などでは、これまで政治的な問題に発言や行動をしてこなかった層が、一挙に政治的発言の表舞台にあらわれた。その意味で、安保法制は成立してしまったものの、運動の盛り上がりとその成果（国民規模での学習が進んだこと—たとえば「立憲主義」という言葉がこれほどに市民権をもったことはかつてなかっただろう—が最も大きな成果だったのではないかと個人的には捉えている）は、大きなものがあった。

そのことの意義を充分に認めながら、他方でしかし、事態の重大さに比して、発言する人、何らかの行動を起こす人の数が、あまりに少ないのではないかという思いを、私はぬぐいきれない。賛否やその論拠は人それぞれであるにしても、戦争と平和という私たち一人ひとりに大きく関わってくる問題について、従来の憲法解釈や法制度を大転換しようというのだから、もっと多くの人が強い関心をもっていいはずではないか。世論調査では、この夏の国会での法案成立には反対という意見が過半数を占めていた。だとすれば、発言し行動する人の数も、もっともっと多くていいはずである。何も国会前まで出かけずとも、全国各地に行動する人たちの集まりはあったのだから。

発言できない、行動に移せないことには、様々な理由があるだろう。

まず何より、日本の市民はあまりにも多忙である。本文でも触れたJ．デューイは『民主主義と教育』の第二三章で「職業 vocation、calling」の教育について論じているが、ヴォケイションやコーリングという言葉には本来、その人の使命、役割という意味があり、生活の糧を得るための労働のみを指す概念ではないとしている。たとえば家庭人としての務め、近隣地域のなかでの役割、そして政治社会における主権者としての振る舞いも、すべてヴォケイション、コーリングなのであると。そして、ヴォケイションの教育が近視眼的に職業準備に矮小化されていることに危惧を示している。話を現代日本に戻せば、日本の市民の多くが、生きていくための労働に忙殺され、それ以外の様々な―必要であり人生を豊かにしてくれもする―ヴォケイションをほとんど務められていないのではないだろうか。そしてその背景に、デューイが指摘するとおり、家庭人や市民としての様々な関心や能力や行動力を育てるような教育を、私たちがほとんど与えられていないという事情も関わっているのではないか。

また、特に若い人たちについて、政治に関心が持てないということがしばしば言われる。実は、戦後のどの世代においても二〇代の投票率は他の世代より明らかに低いので、現在の若者たちだけが特に「政治的に無関心」なわけではないと思うが、かつて若者だった世代を含めて、日本の若者は二〇歳になるまでの教育や経験の過程で、あまりにも政治の問題から遠ざけられすぎているのではないかと思う。漠然とした関心は持っていても、自分の意見を明確に形成するための知識や文脈の理解を与えられておらず、知りたいと思っても知る方法を持っていないのではないか。これも、「政治的中立性」の名の下に政治に関わる教育を無味乾燥な知識の（それも「受験のための」）詰め込みに矮小化してきたことの結果だろう。

さらに、終章で触れた同調や服従への圧力の問題がある。人と異なる意見を、一人でも堂々と周りに向けて主張できる者は、大学生などを見ていてもきわめて少ないように思う。そもそも政治について語ること自体が、友人関係や職場の人間関係の中で「浮く」ことにつながるという感覚は、多くの人が持っているのではないか。これらの同調や服従への傾向も、学校のあり方と無関係ではないだろう。学校が子どもたちにストレスを蓄積させる場所になり、人間関係が荒み、「生きづらい」場になるにつれて、目立たないこと、浮かないことが、生き残る必須の戦術になっているのではないか。教師や学校の権力に抵抗することもまた、仲間から浮く危険を冒すことになるし、学校が受験のための単なる通り道と捉えられていれば、あえてその道をよりよく変えようなどという気持ちは湧きづらいだろう。

これらの問題は、全て学校教育と関わっている。そして、全て日本の民主主義にとって致命的な問題である。人びとが政治的な問題について意見を持つことができ、自由に討議することができ、そうした活動を通じて政治を「変えられる」という希望をもっている状態のことを、政治学者のダグラス・ラミスは「公的希望状態」と名づけているが、そうした状態こそが民主主義にとって必須なのである。(1) ラミスは、「無力感を感じるなら、民主主義ではない」と言う。日本の市民の現状は、一部の人びとを除いて「どうせ何を言っても変わらない」「だから言わない」「そもそも明確な意見を持てない」という、「公的絶望状態」にはるかに近いのではないか。

そして今、学校道徳教育に対して、ここまで述べたような政治的な無力さを助長するかのような「改革」が押しつけられようとしている（本書第五章）。そのような危機にあってこそ、それに対抗し得る道徳教育のあり方を探求し、議論し、実現していくことの必要性がより明確になっているのではないか。本書執筆の動機は以上のようなものである。この試みがどの程度のことを達成できているのか、読者のご批正を待ちたい。

本書の第三章、第六章、第九章については、和歌山県国民教育研究所の機関誌『わかやまの子どもと教育』第五五号から五八号に掲載された拙稿(2)を、大幅に加筆修正の上一部使わせていただいた。第七章と第八章は、教育思想史の研究者としての私の現在の関心とささやかな到達を記したつもりであるが、逆に少々読みにくい章になってしまったかも知れない。

本書は私の初めての単行本となる。読みづらい文章を、最後まで読んで下さった読者の皆さんにまずお礼を言いたい。

研究者としてはきわめて怠惰な私だが、二〇〇三年の秋に和歌山大学に赴任して以降、和歌山県の教育界の皆さまから、それまでの研究生活にはなかった様々な刺激を受けてきた。そうした中で学び考えたことがなければ、本書が書かれることはなかっただろう。本書はまず、そうした方々を読者として念頭におきながら書いたものである。ここに感謝の意を記したい。また、和歌山大学の同僚や歴代の学生・院生たちとも、この間共に学び、一部の方々とは市民としての活動も共にしてきた。それらの成果も本書の中に生かすことができていると思う。特に、すでに退職された先生方も含めて、和歌山大学の教育学教室、大学院教育学分野の先生方からは、多くのことを教えられ、考える刺激を受けてきた。重ねて感謝の意を記すものである。今後も、教育学教室の民主的伝統を共に発展させていきたい。

本書の出版には、和歌山県国民教育研究所事務局長の大川克人さん、部落問題研究所の梅田修さんにご尽力いただいた。記して感謝の意を表するものである。

最後に、仕事と市民的活動とで飛びまわり、家庭人としてのヴォケイションをいつもおろそかにしてしまう私を支え、励まし、時に叱咤し、それでも見捨てずに共に歩いてくれている妻に、深い感謝の意とともに本書を捧げたい。

二〇一六年一月三一日　越野　章史

注

（1）「公的希望状態」「公的絶望状態」という概念は、C.D.ラミス『ラディカル・デモクラシー』（岩波書店、一九九八年）に登場するが、同趣旨の議論でより読みやすいと思われるのはラミス『経済成長がなければ私たちは豊かになれないのだろうか』平凡社ライブラリー、二〇〇四年。

（2）越野章史「小中学校における道徳教育の創造」（1）～（4）。和歌山県国民教育研究所『わかやまの子どもと教育』第五五号～第五八号、二〇一五年。

越野　章史（こしの　しょうじ）

1966 年　東京都生まれ
1990 年　東京都立大学法学部卒業
1997 年　東京都立大学大学院人文科学研究科博士課程単位修得退学
現職：和歌山大学教育学部准教授

主要論文

「コンドルセの人権宣言草案における公教育規定の位置」（日本教育学会『教育学研究』第 62 巻 1 号、1995 年）

「フィジオクラートとしてのコンドルセ：1776 年の公教育論」（東京都立大学教育学教室『教育科学研究』20 号、2003 年）

「ルソーの〈自然〉概念の二重性」（東京都立大学人文学部『人文学報』348 号、2004 年）

「高等学校におけるシティズンシップ教育としての特別活動実践」（『和歌山大学教育学部教育実践総合センター紀要』21 号、2011 年）

「教室文化を塗り替える教育実践：大川克人氏の実践を読み解く」（『和歌山大学教育学部教育実践総合センター紀要』23 号、2013 年）

市民のための道徳教育
—民主主義を支える道徳の探求—

2016 年 5 月 20 日　初版印刷・発行

著者ⓒ　越　野　章　史
発行者　尾　川　昌　法
発行所　部落問題研究所

京都市左京区高野西開町 34－11
TEL 075(721)6108　Fax 075(701)2713

ISBN978－4－8298－4523－3